孩子，
你要懂点儿
人情世故

李涵 编著　王国会 绘

YNK 云南科技出版社
·昆明·

图书在版编目（CIP）数据

孩子，你要懂点儿人情世故 / 李涵编著；王国会绘.
昆明：云南科技出版社，2024.10. -- ISBN 978-7
-5587-6042-6

Ⅰ. C912.11-49

中国国家版本馆CIP数据核字第2024ZQ7562号

孩子，你要懂点儿人情世故
HAIZI，NI YAO DONG DIAN ER RENQING-SHIGU

李涵　编著　王国会　绘

出 版 人：温　翔
责任编辑：叶佳林
特约编辑：刘慧滢
封面设计：韩海静
责任校对：孙玮贤
责任印制：蒋丽芬

书　　号：ISBN 978-7-5587-6042-6
印　　刷：三河市南阳印刷有限公司
开　　本：710mm×1000mm　1/16
印　　张：10
字　　数：142千字
版　　次：2024年10月第1版
印　　次：2024年10月第1次印刷
定　　价：59.00元

出版发行：云南科技出版社
地　　址：昆明市环城西路609号
电　　话：0871-64192752

版权所有　侵权必究

foreword

孩子，你是否曾因为不知道如何与人相处而感到困惑？你是否曾在处理人际关系时遇到困难而不知道该如何解决？你是否在面对朋友的批评时，不知所措？你是否在选择朋友时，感到迷茫？你是否因为不懂得分享而失去过朋友？你是否在面对别人的赞美时，不知道如何回应……如果你曾经因为这些问题而苦恼，那么这本书非常适合你。

在这个纷繁复杂的世界里，你需要一些智慧来面对生活中的困难与挑战，而这本《孩子，你要懂点儿人情世故》，正是为了解答你的这些疑惑而诞生的。

策划这本书的初衷，是因为我们发现许多孩子在面对人际交往的问题时，常常会感到不知所措。而良好的人际关系和情感处理能力，能够帮助孩子健康成长。这些能力并不是与生俱来的，而是需要通过学习和实践来获得的。这本书的出现，能帮助你更好地理解自己和他人，培养你的社交能力和社交情商，让你在未来的学习和生活中更加自信、更加从容。

在本书中，我们将一起探索那些日常生活中看似平凡却非常重要的细节。你将学到如何选择朋友、如何处理矛盾、如何在集体中找到自己的位置，并学会关心和尊重他人。书中的每个小故事都是根据你可能会遇到的情况精心编写的。在这些生动有趣的故事之后，还有一些有用的经验和方法，可供你来学习和使用。

此外，本书还特别设计了一些实用的情商技能实践环节，通过这些环节，你可以学习到与人相处的技巧和方法，帮助你在实际生活中更好地应用这些知识。我们希望，这些有趣的学习方式，不仅能够提高你的情商，更能让你成为一个受欢迎的人。

愿这本书成为你成长路上的好帮手，帮助你更好地理解人际交往的奥秘，掌握与人相处的技巧。当你学会倾听他人的声音，学会表达自己的想法，学会尊重和理解他人，学会在合作中与人共同进步，你便会发现，这个世界会变得更为宽广，生活也会变得更加丰富多彩。

目录
contents

第六章

第七章

第一章

与人相处

——讲真心·也要讲方法

情境小·剧场

这天放学，睿睿去公园玩滑板。刚到公园，他就看到同学阿虎正捏着鼻子，把地上的垃圾扔到垃圾桶里。

"阿虎，你在干吗？"睿睿好奇地问道。阿虎有些不好意思地说道："我看公园地上全是垃圾，太脏了，就想把它们捡起来。"睿睿很感动，当即决定跟阿虎一起捡垃圾，保持公园整洁。

第二天，睿睿刚到教室，就发现好朋友洋洋因为随手乱扔垃圾被老师批评了。睿睿把昨天跟阿虎一起捡垃圾的事情告诉了洋洋，洋洋十分羞愧，当即表示再也不会乱扔垃圾了。他还约了睿睿、阿虎周末一起去公园捡垃圾，做"环保小卫士"。

睿睿高兴地拍了拍洋洋的肩膀："太好了，这才是我的好朋友！"

你有没有遇到过这样的情况？

1. 和某些同学成为朋友后，就会不知不觉地变得更优秀。

2. 和某些朋友出去玩时，爸爸、妈妈和老师都会很放心。

最近，洋洋发现自己变得越来越优秀了。之前，老师每隔三五天就要批评自己一次，可自从跟睿睿、阿虎在一起后，老师不但不批评自己了，还经常会在班会上表扬自己。洋洋很感激睿睿和阿虎，觉得自己能交到这样的朋友真是太好了。

> 谢谢老师的夸奖，以后我要多向他们学习。

应该这么做

在日常生活中，选择朋友是非常重要的，因为朋友对我们有很大的影响。那么，应该如何选择朋友呢？

第一，选择积极向上的朋友，让自己变得越来越优秀

选择那些喜欢学习、乐于助人、积极向上的朋友，会让你的生活充满正能量。与这样的朋友共同进步，让自己在各个方面都变得更加优秀。

第二，观察朋友的行为，判断他们的品行

通过观察朋友的日常行为，可以判断他们的品行。比如，看他们是否尊重别人，是否乐于助人，是否有责任感。选择那些有良好品行的朋友，可以让你的生活更加美好。

只要认真判断对方的品行，你就能找到那些适合自己的好朋友。

能和你做朋友真是太好了！

做你的朋友，我也很开心！

情商技能书

想拒绝对方时，可以这样说：

"我不喜欢这样做，这次就不去了。"

和真正的朋友相处时，可以这样说：

"我喜欢和你在一起，因为你总是带给我正能量。"

发现对方适合做朋友时，可以这样说：

"你能教教我这道题吗？谢谢！"

快来升级了

放学的路上，你的两个同学正在帮忙捡车上掉落的水果。他们看到你来了，便让你帮忙一起拾捡。这时，你会如何答复对方呢？

A."好啊，那这些水果能分我两个吗？"
B."我才不要，掉了这么多水果，得捡到什么时候啊？"
C."我很乐意帮忙，我们一起捡会更快。"

答案：C

2

好东西不能独享——学会分享，才能快乐

  情境·小·剧场

早上，妈妈给茵茵带了几颗她最喜欢的草莓糖。课间休息时，她迫不及待地拿出糖要吃，可同桌晓晓看到后，眼里闪过一丝渴望："茵茵，能分我一颗吗？"

茵茵有些犹豫，不想把糖分给晓晓，她很喜欢吃草莓糖。于是她把糖都放进了嘴里，假装没有听到晓晓的话。

第二天，晓晓带了几块巧克力，茵茵闻着巧克力香甜的味道忍不住流口水。可是，一想到自己昨天没有把草莓糖分给晓晓，她也不好意思跟晓晓要巧克力了。休息时，茵茵从厕所回来，无意间听见几个同学在夸晓晓："晓晓真大方，还给我们分巧克力。如果是茵茵，她肯定就自己吃掉了。"

茵茵听到大家在背后议论自己，觉得既难过又内疚，难道自己真的做错了吗？

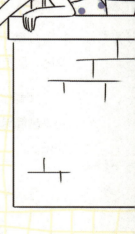

原来是这样

你有没有遇到过这样的情况？

① 有新玩具或者好吃的时，总不愿意和别人分享。

② 不想把东西分享给别人却又不好拒绝时就会装傻。

茵茵真的很喜欢草莓糖，可是，她更想跟同学们处好关系，让同学们也夸奖自己。茵茵觉得很委屈，难道舍不得把自己喜欢的东西分享给别人不正常吗？难道就非要把自己喜欢的东西给别人，才能获得大家的夸奖吗？事后，妈妈告诉茵茵，分享是一种美德，也会让自己更加快乐。茵茵决定听妈妈的话，下次试一试跟大家分享。

应该这么做

分享是一种美好的品质，它不仅能让我们结交到更多的朋友，还能让自己感到更快乐。那么，该怎样学会分享呢？

第一，从小事开始，慢慢培养分享的习惯

开始时，可以分享一些自己不那么在意的小东西，逐渐培养分享的习惯。比如，分享一颗糖、一本书或者一个玩具，都是很好的开始。

第二，感受分享带来的快乐

每次分享之后，注意观察朋友们的反应和自己内心的感受。你会发现，当朋友们因为你的分享而开心时，你自己也会感到很快乐。这种积极的体验会让你更愿意继续分享。

第三，理解分享的真正意义

分享不仅是物质上的给予，更是一种情感的交流和传递。当你愿意分享时，朋友们也会更愿意与你分享，这样，你们的友谊才会更加牢固。

只要你愿意尝试，分享就会变得越来越简单，你也会因此收获更多的快乐。

当别人对你的新玩具感到好奇时，你可以这样说：
"这个玩具很有意思，你要不要一起玩？"

当别人分享食物给你时，你可以这样说：
"谢谢你分享给我，我这个也很好吃，你尝尝！"

当别人不好意思接受你的分享时，你可以这样说：
"没关系，下次你有好东西，也分享给我，我们是好朋友嘛。"

快来升级了

运动会上，你带了一袋奶酪棒当作零食，你的一位同学提出用香蕉换奶酪棒，可是你并不喜欢吃香蕉。这时，你会怎么说？

A."不用交换，我直接分你一个，没想到你也爱吃奶酪棒。"
B."我不爱吃香蕉，不换。"
C."凭一根香蕉，就想换我的奶酪棒？"

答案：A

3

懂得感恩——不平白接受别人的好处

情境·小·剧场

茶茶和小白一起去图书馆，茶茶没有带借阅证，小白就把自己的借阅证借给了茶茶。茶茶非常感动，连连向小白道谢："谢谢！你真是我最好的朋友！"

小白也很开心，第二天他又送给茶茶一包精美的零食。茶茶感到有点意外，但还是收下了，并再三感谢了小白。

第三天，小白又把自己的漫画书借给茶茶看。但是茶茶说什么也不接受。小白对此心里很难过。后来，小白总觉得茶茶有意疏远自己，两个人也不像以前那么亲密了。

有人告诉小白，可能是因为小白对茶茶太好了，导致茶茶感到有负担，所以茶茶才疏远了小白。小白很奇怪，对别人的好意怎么会变成一种负担了呢？

你有没有遇到过这样的情况？

1 别人送你礼物或请你吃东西时，你觉得很开心，但内心也有点儿不安。

2 收到别人的很多好处后，不知道该怎样回报对方。

最近，小白发现自己的善意总会让别人感到不适，渐渐地，他变得越来越沮丧。对别人好难道有错吗？为什么大家反而疏远我了呢？爸爸妈妈常说，接受别人的好处要心怀感激，但也要懂得适可而止，小白好像有点儿理解爸爸妈妈说这些话的意思了。

对别人好难道有错吗？

应该这么做

接受别人的好处固然能让人感到温暖，但也要学会平衡，避免人情负担。对别人展示善意也要适可而止，不能让对方感到有负担。那么，该怎么做才能不让对方感到有负担呢？

第一，适度接受，量力而行

当别人送你礼物或给你提供帮助时，先判断自己是否真的需要。如果不需要，可以礼貌地拒绝。当你送别人礼物或为别人提供帮助时，要判断礼物和帮助是否过重，是否会让对方感到有负担。

第二，懂得感恩，及时回报

接受别人的好处后，要心怀感激，并在适当的时候回报对方。回报不一定是同等价值的礼物，可以是帮助对方做一些小事，或者在对方需要时伸出援手。

第三，保持平衡，友谊为重

在人际交往中，最重要的是保持友谊，而不是物质上的交换。与朋友相处时，应该多注重情感交流，而不是单纯的物质往来。

只要掌握这些技巧，你就能处理好人际关系，避免不必要的负担。

情商技能书

当别人送你礼物时，你可以这样说：

"谢谢你，这真是太好了，我很喜欢。"

当你的好意让别人觉得有负担而且很不好意思时，你可以这样说：

"如果你觉得有负担，你也可以帮我一个忙，等我想到后告诉你。"

当你想回报别人的好意时，你可以这样说：

"上次多亏你帮了我，这次我来帮你吧！"

快来升级了

你的好朋友总是送你礼物，还帮你记笔记，这让你觉得很不好意思。这天，他又给你带来一堆零食，你会怎么说？

A."别再给我带东西了，这让我很困扰！"
B."谢谢你，明天我也带一些零食，到时再一起吃吧！"
C."谢谢，放这里吧，我待会儿吃。"

答案：B

情境·小剧场

体育课上，轩轩跟几个男生正在操场上打篮球。突然有几个高年级学生走过来，让轩轩把场地让给他们。轩轩不同意，跟高年级学生争执起来。

就在这时，轩轩看到同学小凡路过球场，就让他赶紧去叫体育老师。可是，小凡看到高年级的学生很害怕，不仅没有帮轩轩叫老师，反而低着头跑掉了。过了一会儿，轩轩他们回到了教室，大家看到小凡都很生气，纷纷指责他。

"前天你还借我的参考书呢！以后再也不借你了！"其中一个同学生气地说。

小凡听后愧疚地哭了。大家见状，也就不好再跟他计较了。从此以后，同学们很少跟小凡说话，小凡有事找他们，他们也都是很冷淡的态度。小凡很后悔，早知道当时就去叫老师了。

原来是这样

你有没有遇到过这样的情况?

 看到别人遇到困难时,你想帮忙但又不敢。

 因为没有帮助别人,事后感到很内疚。

　　自从小凡拒绝帮助同学后,大家都对他非常冷淡。一开始,小凡觉得很委屈,自己明明是因为害怕才走掉的,又不是不想帮他们,为什么大家都对自己这么大敌意呢?后来,小凡想起老师经常告诉大家的话,帮助别人就是在帮助自己。看来,老师讲的果然很对。

15

帮助别人是一种美德，它不仅能让别人感受到温暖，也能让自己收获成长和快乐。那么，应该怎样帮助别人呢？

第一，勇敢行动，不要犹豫

看到别人需要帮助时，不要犹豫，要勇敢行动。即使不确定自己能否做好，试一试总比什么都不做要好。比如，看到同学摔倒了，可以上前询问是否需要帮助，哪怕只是伸出一只手，都是一种善意的表达。

第二，从小事做起，积累经验

帮助别人不一定要做大事，从身边的小事做起，同样能体现善意。比如，帮同学捡起掉落的书本，或者在同学遇到难题时提供一点小的建议。

这些小事不仅能让对方感到温暖，也能帮你扩大交友圈，等到你需要帮助的时候，被你帮助过的人也会主动来帮助你。

只要愿意伸出援手，你就会发现，帮助别人其实也是在帮助自己。

情商技能书

看到别人需要帮助时，你可以这样说：
"你好像遇到了麻烦，需要我做些什么吗？"

当你帮助了别人后，你可以这样说：
"我们是朋友，这些都是我应该做的。"

别人帮助你时，你可以这样说：
"谢谢你的帮助，以后有需要我帮忙的地方，尽管跟我说。"

快来升级了

放学的路上，你看到有几个人正在欺负你的同学，你很想上去帮忙，但又担心自己也被欺负。这个时候，你会怎么说？

A."别欺负他了，要欺负就欺负我吧！"
B."刘老师让我来找你，你数学作业落教室了，她让你赶紧回去拿。"
C."敢欺负我兄弟，也不打听打听我是谁？"

答案：B

情境·小·剧场

森森和淼淼学习成绩相当，彼此都将对方看成自己的竞争对手。这天，老师让他们一同参加辩论赛，而且都是正方辩手，彼此是队友。

森森很不高兴，他觉得辩论赛有自己就够了，根本不需要淼淼参与。淼淼也觉得自己就能搞定所有的事，根本不需要森森参与。于是，他们各自搜集辩论资料，都想在辩论赛上表现自己。

辩论赛当天，森森率先陈述观点，观点陈述完毕后，淼淼突然开始冒汗。原来，森森与她找的辩论点冲突了。轮到淼淼发言的时候，被打乱节奏的她开始支支吾吾，最后只能随便说了一些观点，结果，这些观点恰好也是森森接下来要说的。辩论赛结束后，森森和淼淼的小组不出意外得了倒数第一名，他们面面相觑，都开始后悔起来。

你有没有遇到过这样的情况?

① 在小组活动中，总觉得自己一个人做更好，不愿意与别人合作。

② 合作时，觉得自己做得比别人多，却没有得到应有的认可。

辩论赛之前，森森和淼淼都对老师的安排感到不满。合作有什么必要呢？自己一个人做不是更省事吗？后来，老师告诉他们，合作不仅能培养团队精神，还能帮助大家更好地完成任务和解决问题。森森和淼淼都是聪明的孩子，他们立刻就明白了，与其两败俱伤，不如一起进步。

19

应该这么做

在日常生活中，学会与他人合作是非常重要的，因为只有通过合作，才能达到互利共赢的效果。那么，该如何与他人合作呢？

第一，分工明确，各尽其责

在合作中，首先要明确每个人的分工和责任，让每个人都知道自己应该做什么，这样才能避免发生问题。比如，在比赛开始前，就讨论并分配好小组中每个人的任务，然后再开始动手。

第二，沟通交流，及时反馈

在合作中，沟通与反馈是非常重要的。当发现队友遇到困难时，要主动提供帮助和提出建议，这样才能保证整个团队的步调一致。

两个人一起赢，总比两个人一起输好吧？

比如，每隔一段时间，可以开个小会，讨论一下工作的进展情况和下一步的计划。

只要掌握合作的技巧，你就会发现团队的力量远比个人强大，合作会为你带来更多的成功。

情商技能书

当刚开始与他人一起合作时，你可以这样说：

"我们先来分工吧，每个人负责一部分。"

在合作中遇到困难时，你可以这样说：

"不要着急，大家一起想办法，把这个问题解决了。"

当合作完成后，你可以这样说：

"真是一次愉快的合作，谢谢大家的努力。"

你是一个能力很强的人，老师让你当小组长，安排你跟其他同学一起合作，共同完成一项活动。这时，你会如何跟同学们沟通？

A."你们要努力，可别拖我后腿！"
B."这个我自己做就行了，你们去玩吧。"
C."很高兴老师把我们安排在一起，我们先分配一下任务，然后再一起努力吧！"

答案：C

第二章

学会做人

——有边界感才能更受欢迎

1

收起好胜心——谦虚让你更可爱

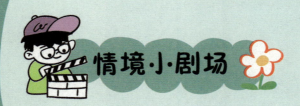

情境·小·剧场

联欢会就要到了，程程的班级举行抢凳子大赛。程程很喜欢这个游戏，于是摩拳擦掌，准备在联欢会上大展身手。

好不容易等到了抢凳子环节，程程迫不及待地跟同学们一起将凳子摆成圆形。随着老师一声令下，大家既紧张又快乐地转起圈来。

"哎哟！"旁边的男生被程程踩了一脚，不满地嚷了起来。

"哎呀！"又一个同学被程程挤到一边，差点儿摔了一跤。

"玩个游戏，至于吗？"大家一边继续游戏，一边向程程投去不满的眼神，可程程却对大家的眼神恍若未觉。一轮、两轮，程程"过五关，斩六将"，顺利将冠军收入囊中。程程忍不住欢呼起来，可大家却态度冷淡，没有一个人为程程感到高兴。

程程感到很委屈，不明白为什么自己赢了比赛，却输了人缘呢？

你有没有遇到过这样的情况?

1 在比赛中,比起让朋友赢更希望自己赢。

2 取得胜利后,却发现朋友们反而有些疏远你。

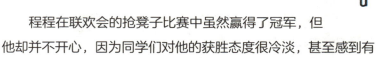

程程在联欢会的抢凳子比赛中虽然赢得了冠军,但他却并不开心,因为同学们对他的获胜态度很冷淡,甚至感到有些不满。听了程程的困惑,妈妈告诉他,过于好胜反而会让人感到不舒服,适当收敛锋芒才是受欢迎的关键。程程终于恍然大悟,比起输赢,还是受大家欢迎更让自己快乐。

在日常生活中，适当的好胜心可以激励我们取得更好的成绩，但过于锋芒毕露可能会让我们失去朋友。那么，该怎么做才能平衡好胜心和友谊的天平呢？

第一，学会谦虚，适当收敛

在比赛和游戏中，尽力而为固然重要，但也要学会谦虚和收敛，不要因为过于追求胜利而忽视了他人的感受。比如，在一些小游戏、小活动中，可以适当让一下同学，让大家都能享受到游戏的乐趣。

第二，关注过程，而非结果

比赛的结果固然重要，但更重要的是参与的过程。在比赛过程中，与其一心追求胜利，不如多关注和同学们的互动，享受一起玩的乐趣。在一些游戏中，要多和同学们交流，互相鼓励，而不是只想着赢。

只要你学会适当收起好胜心，更多地关注同学们的感受，就会发现自己不仅能赢得比赛，还能赢得人缘。

情商技能书

在比赛或游戏开始前，你可以这样说：
"我们一起加油，友谊第一，比赛第二！"

当你取得胜利时，你可以这样说：
"这次是我运气比较好。"

看到其他同学也很努力时，你可以这样说：
"我们都很棒，希望我们都能取得好成绩！"

快来升级了

最近，你一直在为接力赛预选赛做准备。这天，你的好朋友邀请你放学跟大家一起去打球，可是你想继续训练。这时，你会如何回复对方？

A. "我去打球，你替我训练吗？"
B. "我真的很想跟你们去，但我还要训练，预选赛结束后我们再一起打球。"
C. "我不去，你难道不知道我在为预选赛做准备吗？"

答案：B

2

学会忍让——在示弱中展示力量

林林和辰辰是前后桌。上课的时候，林林连声招呼都不打，就突然转身拿走辰辰的橡皮。上体育课的时候，林林也会强势地加入辰辰所在的队伍，因为他觉得自己跟辰辰是朋友，辰辰会让着自己。

一天，辰辰跟大家玩打沙包游戏。林林也想玩，于是便冲过来说道："加我一个。"同学们都说没有位置了，林林便让辰辰给自己让个位置。

辰辰耐心地说道："林林，你当候补队员吧，我们轮流玩。"可林林摇摇头，表示自己现在就想玩。辰辰再三劝说，林林都无动于衷。看同学们渐渐露出不耐烦的表情，辰辰想了想，决定把位置让给林林。

这下同学们看不下去了，大家纷纷站出来帮辰辰说话，指责林林太霸道。林林十分委屈，为什么大家都帮着辰辰针对自己呢？

原来是这样

你有没有遇到过这样的情况?

① 和同学发生争执时，总是想要争个输赢。

② 有时候你明明占理，却因为强势，而被同学们批评。

你们为什么不听我的话!

走，别理他。

　　林林也想像辰辰一样，可是，每当大家不听他的话时，他就忍不住发脾气。为什么大家更愿意听辰辰的话呢？为什么大家不听他的话呢？老师对林林说，有时候学会忍让，反而能够赢得对方的尊重，并顺利解决问题。林林决定，一定要学会忍让。

应该这么做

在日常生活中，适度的忍让不仅能避免冲突，还能赢得别人的尊重。那么，该怎么做呢？

第一，冷静处理，避免冲突

当你遇到强势的同学或朋友时，首先要冷静，不要急于反击。可以选择暂时退让，冷静下来再想办法解决问题。比如，当同学强行拿走你的物品时，可以先冷静一下，然后再友好地沟通。

没事儿！

对不起，之前是我太任性了。

第二，寻找合适的时机，表达自己的想法

在冷静之后，可以寻找合适的时机，和对方沟通自己的想法和感受。用平和的语气表达自己的意见，通常对方更容易接受。比如，在课间休息时，可以和同学聊聊刚才的事情，说明自己的想法。

学会忍让，你会发现自己的心态会变得越来越轻松，大家也会更尊重你。

情商技能书

当遇到比较强势的同学时，你可以这样说：

"没事儿，听你的。"

当觉得自己受了委屈时，你可以这样说：

"我们可以找个时间，好好谈谈这件事吗？"

当看到同学间有争执时，你可以这样说：

"大家都冷静一下，我们一起想办法解决。"

快来升级了

你跟同桌因为一件小事发生了争执，眼看周围的同学越来越多，老师也快来了，你决定先不跟对方计较。这时，你会如何说呢？

A."你有你的道理，再争执下去也没用，我们都冷静一下。"
B."我懒得跟你计较，这次饶你一回。"
C."不听我的话，有你后悔的时候。"

答案：A

情境·小剧场

东东和奇奇既是前后桌，又是好朋友。一天，东东的爸爸给他买了双新球鞋，他迫不及待地穿到学校，给奇奇展示："瞧！最新款！酷吧？"

当时，奇奇的爸爸遭遇公司裁员，妈妈也因为照顾生病的奶奶辞职了，看到好朋友因为一双新球鞋这么开心，奇奇既为东东高兴，也为自己难过。于是，奇奇勉强说道："嗯，挺好看的。"

第二天是奇奇的生日，上课前，东东对奇奇说，放学要给他看个东西。奇奇以为东东要送他礼物，一整天都很期待。谁知放学后，东东却指着手腕上的新手表说："看，我姑姑给我买的，是限量版的。"这回奇奇没有搭理东东，而是自顾自地走开了。

东东看着生气的奇奇很纳闷，自己只是跟好朋友分享喜悦，为什么好朋友会生气呢？

原来是这样

快来看我新买的鞋呀!

你有没有遇到过这样的情况?

1 迫不及待地和朋友们分享快乐时,大家却误会你是在炫耀。

2 向别人展示自己的新东西或成就后,朋友们的反应却很冷淡。

　　最近,东东发现朋友们似乎不太愿意和他聊天。大家都说东东爱炫耀,不顾及别人的感受。东东觉得很委屈,自己只是喜欢分享,怎么大家反而疏远自己了呢?妈妈告诉东东,有时候,向大家过度炫耀自己的新东西或成就时,会让别人感到不舒服。东东若有所思,并决定以后低调一些,免得大家不开心。

应该这么做

分享自己的喜悦本是好事，但过度炫耀可能会忽视别人的感受，从而失去朋友。那么，怎样才能适当地分享自己的喜悦而不显得是在炫耀呢？

第一，多关注朋友的感受

每个人的生活情况都不同，过度的炫耀会让一些朋友感到自卑或不开心。因此，在分享自己的喜悦时，要多考虑朋友的感受。比如，当你得到了新玩具时，可以低调地告诉朋友，而不是在全班面前大肆炫耀。

第二，保持谦逊

即使取得了很大的进步，也要保持谦逊的态度。因为谦逊的人更容易赢得别人的尊重和喜爱。当获得了比赛的第一名，你可以告诉朋友这次比赛很有趣，而不是只强调自己的胜利。

学会适度分享，多关注朋友的感受，你就会发现，大家其实很喜欢与你交往。

情商技能书

当你想与朋友分享喜悦时，你可以这样说：
"我最近有件开心的事，想和你们分享一下。"

当朋友与你分享他的喜悦时，你可以这样说：
"真棒！我为你感到高兴。"

当你发现自己有些过于炫耀时，你可以这样说：
"抱歉，我可能说得有点儿多了，我们来聊聊你的事情吧！"

快来升级了

课间休息时，你从外面回来，无意间听到几个同学正在讨论你。其中一个同学说，你一直在炫耀自己成绩好，让人觉得不舒服。其实，你只是想跟大家分享喜悦。这时，你会如何跟对方说呢？

A. "我成绩好，你嫉妒了？"
B. "有本事你也考个好成绩，背后说人算什么？"
C. "我只是觉得很高兴，所以跟你分享一下，没有考虑到你的感受，抱歉。"

答案：C

情境·小·剧场

米米转学到了橙橙的班级，老师安排她与橙橙做同桌。几天后，大家渐渐熟悉了，便问了很多米米之前学校的事。聊着聊着，学校的营养午餐时间到了，大家纷纷拿水果点心来吃。其中有一种颜色是黄色的、大小像枣一样的水果，米米拿到之后就开始剥皮。

"你吃黄皮为什么要剥皮？"橙橙看着米米奇怪地问。米米之前从来没有吃过黄皮。听了橙橙的话，米米直接将黄皮放到了嘴里，谁知却被核硌到了牙。

"哈哈，你不知道里面有核吗？你总吃过枣吧？像吃枣那样就可以了。"橙橙一边笑，一边对米米说道。米米十分尴尬，橙橙却很享受这种"我很懂"的感觉，一直在滔滔不绝地对米米讲黄皮的吃法。最后，米米找了个借口逃离了教室。

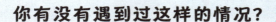

你有没有遇到过这样的情况？

① 在别人面前总是表现得自己很懂，结果让别人感到不舒服。

② 纠正别人的错误后，却遭到了大家的反感。

橙橙发现，自己越表现得很懂，同学们就越不爱跟自己玩。橙橙很疑惑，难道懂得多不好吗？为什么大家不感谢自己科普，反而不理自己了呢？对妈妈说了这件事后，妈妈告诉橙橙，做人低调一些，反而能更好地融入集体。橙橙虽然还不明白为什么，但她愿意试一试。

应该这么做

低调一些，不仅能让别人感到轻松愉快，还能让自己的人际关系更加融洽。那么，该怎么做呢？

第一，适时退一步，给别人展示的机会

在展示自己的知识和能力时，要适时退一步，给别人留一些展示的机会。每个人都希望自己被重视、认可，学会给别人表现的机会，能帮你获得更多友谊。

第二，理解和包容别人的错误

每个人都会犯错，学会理解和包容别人的错误，不要太计较，不仅能让别人感到舒适，也能升华彼此的友谊。当朋友犯了小错误时，你应该温和地提醒，而不是像其他人一样嘲笑他。

学会适当地"装糊涂"，保持谦逊和包容的态度，你会发现，自己的人际关系会变得更加和谐，大家也会更加喜欢与你相处。

情商技能书

当你想展示自己的知识时，你可以这样说：
"这只是我的看法，大家怎么看？"

当朋友犯了小错误时，你可以这样说：
"没关系，这种错误大家都犯过。"

当你发现自己说得太多时，你可以这样说：
"我可能说得太多了，让我们听听别人的意见吧。"

快来升级了

你很喜欢看书。在玩词语接龙时，你用了一个比较高级的词，大家都没听过，于是便判定你输了。这时，你会如何跟大家解释呢？

A."这其实是个不常用的词，我先认输，但是大家回去可以查一下。"
B."你不知道不代表没有，回去多看看书吧。"
C."我不玩了，没意思。"

答案：A

情境·小剧场

班级里即将举行一场拔河比赛，图图自认为自己力气很大，急切地想在比赛中表现自己。他在练习时总是抢着站在队伍的最前面，指挥大家用力，还时不时地纠正队友的姿势。

"图图，我们可以换个位置吗？我也想试试前面的位置。"小乐问道。

图图不耐烦地回答："你力气小，站前面没用，还是我来吧。"

比赛开始后，图图依然站在最前面，他不顾队友们的配合，独自用力。虽然他自己很卖力，但由于缺乏团队协作，他们的队伍最终还是输掉了比赛。队友们对图图很失望，纷纷责备他太逞强。图图不明白，自己明明是为班级作贡献，为什么还被大家责备呢？

你有没有遇到过这样的情况？

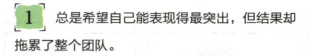

1 总是希望自己能表现得最突出，但结果却拖累了整个团队。

2 喜欢逞强，最后事情没做好，自己也很累。

图图感到很困惑，为什么自己的积极表现反而"受累不讨好"呢？为什么大家会因为自己的努力而

不高兴呢？自己也是为了班级作贡献呀！老师告诉图图，"强出头"并不是一件好事，这不但会让自己受累，也会让别人感到不舒服。听了老师的话，图图若有所思地点了点头。

他总是爱瞎逞能。

他干不好，还不听指挥。

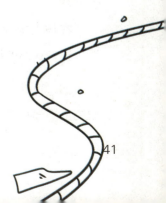

适度表现是好的，但过度逞强会让别人感到不舒服，甚至大家都会远离你。那么，该怎么做呢？

第一，重视团队合作，学会配合他人

在团队活动中，要重视每个人的角色和贡献，学会与他人合作，而不是只顾自己表现。比如，在拔河比赛中，要注重团队的整体配合，而不是只顾着自己用力。这样，你们的队伍才能更有默契、更加强大。

第二，倾听和尊重别人的意见

在与人相处时，多倾听和尊重别人的意见，不要一意孤行。通过倾听，你会获得更多的观点和方法，开阔自己的思维。

通过这些方式，不仅可以减少因为逞强带来的烦恼，还能在团队中建立更加平等和谐的关系。

情商技能书

当你在团队活动中，你可以这样说：
"我们一起努力，让整个团队表现得更好。"

当朋友提出自己的建议时，你可以这样说：
"这是个好建议，我们可以试试。"

当朋友指出你过于勉强自己时，你可以这样说：
"抱歉，我可能有点着急，我们再来讨论一下吧。"

快来升级了

你很擅长配音，与朋友一起报名参加配音比赛。可是，临近比赛时你却突然发烧了。你想带病坚持排练，但朋友却劝你不要勉强自己，否则反而会影响正式比赛的成绩。这时，你该如何对朋友说呢？

A. "我自己的身体，我自己清楚。"
B. "不至于，没我参加，你能练好吗？"
C. "你说得对，如果今天还没退烧，那我就回家休息。"

答案：C

第三章

日常做事
——留余地也是留机会

1

做事要留有余地——不要伤害别人

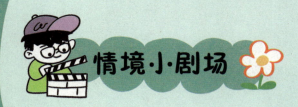

情境·小·剧场

小宇的班级里举行了一场激烈的辩论比赛，小宇和他的队友凭借精彩的辩论赢得了胜利。比赛结束后，小宇十分兴奋，忍不住对输掉的对手小川说道："你们队水平太低了，早知道我就不用准备那么久了。"

小川听了脸色一沉，但还是礼貌地说道："我会继续努力的，期待下次与你交手。"

然而，小宇并没有意识到自己的话让小川感到难堪，继续说道："以你目前的水平，不管比多少次我都会击败你！"

周围的同学们对小宇的态度感到不满，觉得他太过得意忘形。结果，小宇虽然赢得了比赛，却失去了同学们的尊重和支持。下一次辩论比赛时，大家纷纷将票投给了其他同学，小宇就这样与参赛资格失之交臂了。

原来是这样

你有没有遇到过这样的情况？

1 在争论中总是坚持自己的观点，结果却让别人感到不舒服。

2 在批评别人时说得很直接，结果对方渐渐疏远了你。

　　自从与辩论赛资格失之交臂后，小宇总觉得大家都在躲着自己，什么都不让自己参加。小宇很奇怪，自己不就是直接指出了朋友的错误吗？这不也是在帮他进步吗？大家为什么要排挤自己呢？妈妈告诉小宇，有时候说话做事要留有余地，这样才能赢得别人的尊重。小宇仔细想了想，顿时羞愧地低下了头。

在日常生活中，做事留有余地不仅能避免伤害他人的感受，也能为自己赢得更多的尊重。那么，应该怎样才能做到留有余地呢？

第一，说话留有余地，避免伤害他人

在与人交流时，要注意自己的言辞，不要过于直接或尖锐，避免让别人感到难堪，要给自己和他人留有余地。比如，在指出别人的错误时，可以用委婉的方式表达，而不是直接批评。

第二，得饶人处且饶人，给自己和他人机会

在处理人际关系时，要学会宽容待人，即使别人犯了错，也要给他们改正的机会，而不是揪着对方的错误不放。这种做法不仅能避免矛盾激化，还能为未来的合作打下良好的基础。通过宽容和体谅，你可以赢得别人的尊重，也能为自己创造更多友好的环境。

通过这些方式，不仅能避免一些麻烦，还能在与人交往中获得更多的理解和支持。

当你取得成功时，你可以这样说：

"这次能取得好成绩，大家的帮助和支持很重要，谢谢大家。"

当你发现朋友有不足时，你可以这样说：

"我觉得你可以这样试试，或许会更好。"

当你想表达不同意见时，你可以这样说：

"你的观点很有意思，我也有一个方案，我们一起讨论吧。"

快来升级了

你的朋友很喜欢在下雨天的时候踩水坑，你觉得踩水坑既不卫生，又容易发生危险，便想阻止对方。这时，你该怎么跟对方说呢？

A."裤子湿掉会很难受的，而且踩水坑不安全，我们还是赶快回家吧。"

B."踩水坑多脏呀，你怎么喜欢干这种事？"

C."小心掉坑里，摔个大马趴！"

答案：A

2

不贪便宜——天下没有免费的午餐

情境·小·剧场

　　班级里组织了一次集体郊游，大家在野餐时吃得很开心。小刚突然看见远处有人在摆摊，对方告诉小刚，只要扫描二维码就可以免费领取一些玩具和零食。小刚高兴地跑过去，并兴奋地招呼大家："快来呀，这里有免费的玩具，赶紧来拿！"

　　同学小丽犹豫了一下，提醒小刚："你确定这些东西是免费的吗？会不会有什么问题？"小刚却不以为意地说："免费的东西当然要拿，管他呢！"在小刚的劝说下，大家纷纷扫描了二维码，领取了玩具和零食。

　　然而没过多久，小刚的妈妈就给他打电话，原来小刚刚扫完二维码，手机里面的零钱就被刷走了。大家也陆续接到了家里的电话，情况无一例外，都是零钱被刷走了。

　　大家纷纷指责小刚不该贪小便宜。小刚又气又急，自己明明是为了大家好，怎么大家反而怪自己呢？

原来是这样

你有没有遇到过这样的情况?

① 经常购买便宜的东西,结果却发现这些东西并不好。

② 喜欢一些免费的商品,却没有考虑可能会发生的后果。

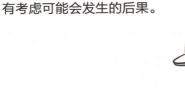

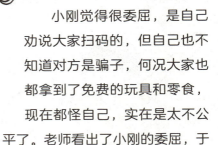

小刚觉得很委屈,是自己劝说大家扫码的,但自己也不知道对方是骗子,何况大家也都拿到了免费的玩具和零食,现在都怪自己,实在是太不公平了。老师看出了小刚的委屈,于是语重心长地告诉小刚,天下没有免费的午餐,贪小便宜往往会吃大亏。小刚这才意识到自己的错误,并决定跟大家好好道个歉。

应该这么做

在日常生活中，我们常常会遇到各种看似诱人的"免费"或"便宜"的东西，但这些东西背后往往隐藏着风险。因此，我们不要随便贪便宜。

第一，谨慎对待免费和便宜的东西

在看到免费或便宜的东西时，要保持警惕，不要盲目接受。要考虑这些东西是否真的安全可靠。比如，当有人免费发放食物时，要先看看食物来源是否可信，避免因为贪图便宜而带来不必要的健康问题。

第二，学会拒绝不必要的诱惑

面对来源不明的"好处"时，要勇于拒绝。不轻易接受陌生人提供的免费物品，也不要被不合理的低价所诱惑。自己要有判断能力和独立分析能力，不要让一时的贪念蒙蔽了双眼。比如，当遇到陌生人送小礼物时，可以礼貌地说："谢谢，但我不需要。"

通过这些方式，不仅能避免因为贪小便宜而带来的麻烦，也能培养理性分析能力，让人变得更加成熟稳重。

天下没有免费的午餐！

情商技能书

当看到免费的东西时，你可以这样说：

"免费的东西可能有问题，我们还是谨慎一点儿比较好。"

当你发现朋友贪小便宜时，你可以这样说：

"这些东西看起来不错，但我们还是要小心，别因为贪小便宜而吃大亏。"

当你被别人诱惑时，你可以这样说：

"谢谢你的好意，但我暂时不需要这些。"

快来升级了

你跟同学们在科技馆门口集合，突然有一个大姐姐告诉你们，只要扫描牌子上的二维码，就可以获得一张免费门票。这时，你会说什么呢？

A."不要白不要，大家都来扫！"

B."骗人的吧，大家不要上当！"

C."老师说贪小便宜吃大亏，我们还是谨慎一些，不要扫了。"

答案：C

3

真心赞美——好人缘的秘诀

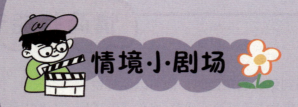

情境·小·剧场

在放学的路上，皮皮的帽子突然被一阵"旋风"卷飞了！他赶忙伸手抓住帽子，然后定睛一看：原来是同桌豆豆一阵风似的跑了过去。

只见豆豆飞奔到一位老奶奶面前，气喘吁吁地说道："奶奶，您的钱包掉啦！"奶奶赶忙向豆豆道谢，周围的路人也笑着对豆豆夸个不停。豆豆有些不好意思，把钱包还给老奶奶后就向前跑去。

皮皮追上豆豆，对他竖起了大拇指："拾金不昧，你可真棒！"

豆豆红着耳朵回应道："谢谢，这是我应该做的，如果是你，你也会这么做。"

听了豆豆的话，皮皮更加起劲地夸奖道："能当你的同桌我简直太荣幸了，你就是我的偶像。"

豆豆有些怀疑地看着皮皮，嘴上忍不住说道："你是真心夸我吗？我怎么感觉有点儿假。"

54

你有没有遇到过这样的情况？

1️⃣ 明明是真心夸赞对方，却被说不真诚。

2️⃣ 想表达的东西，总是没办法很好地说出口。

我明明就是真心的呀。

他是真心夸我吗？

最近，皮皮总是无意间听见同学说他不真诚。皮皮感到很委屈，自己明明是发自内心赞美大家的，为什么大家会觉得自己不真诚呢？赞美难道不是件好事吗？妈妈说过，每个人都喜欢听赞美的话，怎么到自己这里就行不通了呢？

应该这么做

生活中，不少同学都认为赞美是件很简单的事，可大家都忽视了赞美别人的方法。那么，怎样去赞美才能让人听了如沐春风呢？

第一，多用实际的词语，少用浮夸的修饰

多用"拾金不昧""乐于助人""热爱劳动"等；少用"痛哭流涕""热泪盈眶"等。

第二，强化过程，让赞美更加真诚

细化和复述对方值得夸赞的行为，会让你的赞美显得更真诚。比如，"你捡到钱包，不但没有……还跑了这么远，把钱包亲手送到老奶奶手里，我要向你学习！"

只要掌握赞美的技巧，你就是"夸夸小能手"。

别人帮助你时，你可以这样说：
"你愿意帮我真是太好了，谢谢你！"

看到别人做好事时，你可以这样说：
"你真棒，我也要向你学习。"

发现对方的优点时，你可以这样说：
"你真厉害，我也希望能变得像你一样。"

快来升级了

星期天，你在公园散步，发现你的同学正在把散落在地上的垃圾重新扔回垃圾桶里。你非常感动，打算上前赞美对方。这时，你会如何开口呢？

A."你就是公园的救世主。"
B."公园这么多人，只有你愿意把垃圾捡起来，我帮你一起捡。"
C."你太厉害了，你就是捡垃圾之王！"

答案：B

4

学会处理冲突——拳脚不是解决问题的方式

情境·小剧场

　　一天，欣欣和硕硕因为一件小事发生了争执。硕硕不小心撞掉了欣欣的书包，把欣欣的书本弄脏了。欣欣气急败坏地质问硕硕，硕硕本来有些愧疚，但被欣欣劈头盖脸骂了一顿后，他也不甘示弱地回嘴："我又不是故意的，你这么凶干什么！"

　　两个人你一句我一句，争吵越来越激烈。欣欣觉得硕硕是故意的，语气变得越来越激烈。硕硕急了，忍不住一把推倒了欣欣。

　　硕硕力气很大，欣欣摔倒之后又气又疼，爬起来便跟硕硕扭打在一起。二人打架的声音引来了很多的同学围观，有人忙去请来老师。最后，老师好不容易才把两个人分开。

　　原本，他们以为这件事就到此结束了。可之后发生的事，却让欣欣和硕硕都傻眼了。原来，大家都觉得欣欣得理不饶人，也觉得硕硕不但不认错，还先动手打了欣欣。所以，大家都有意无意地总躲着他俩。现在，他们也很后悔，可又不知道应该怎么做。

58

原来是这样

你有没有遇到过这样的情况？

1 在与别人发生争执时，总忍不住动手。

2 不会表达自己，只好用拳脚发泄，但是却伤人又伤己。

　　欣欣觉得这件事是硕硕的错，为什么大家反而批评自己呢？硕硕也很委屈，如果欣欣不那么咄咄逼人，自己也不会动手推倒她。老师告诉他们，用拳脚不仅不能真正解决问题，反而会让矛盾加深。欣欣和硕硕心悦诚服，他们互相道了歉，一切又回到了从前的样子。

应该这么做

遇到矛盾和冲突时，我们要学会用理智和沟通来解决，而不是用拳脚。那么，具体要怎么做呢？

第一，以冷静代替冲动，理智面对问题

当你遇到矛盾和冲突时，首先要冷静下来，避免冲动行事。学会用语言表达自己的感受和想法，积极寻找解决问题的办法，尽量控制自己的情绪。通过冷静和理智的方式，你可以更清楚地看到问题的本质，从而找到更有效的解决方法。比如，当与同学发生争执时，你可以暂时离开现场，待冷静下来后再回去沟通。

第二，寻求他人帮助，避免冲突升级

当你发现自己无法冷静下来或者矛盾难以解决时，可以寻求他人的帮助。例如，找老师、家长或其他可信赖的成年人，向他们寻

这是硕硕给你的道歉信。

求建议和帮助。通过他人的介入，你可以获得更多的支持和指导，避免矛盾进一步升级。

通过这些方式，不仅能避免因为动手打架而带来的麻烦，还能学会如何更成熟地处理矛盾和冲突。

当与别人发生冲突时，你可以这样说：

"我们冷静一下，先好好谈谈。"

当朋友与人发生冲突时，你可以这样说：

"先把话说清楚，不要动手。"

当你觉得自己情绪失控时，你可以这样说：

"我现在真的很生气，我们等下再说好吗？"

你跟同学发生了争执，你的同学实在气不过，便打了你一拳。眼看周围人越来越多，这时，你会如何跟对方沟通呢？

A."你竟敢打我，吃我一拳！"
B."动手是最无能的表现，你真是个无能的人。"
C."我知道你很生气，你先冷静一下，我们再谈吧。"

快来升级了

答案：C

情境·小剧场

　　麦麦最近迷上了一款游戏，游戏里推出了一种稀有的虚拟道具，可以让玩家在短时间内快速提升等级，但需要花金币购买。麦麦决定熬夜打怪赚金币，以此吸引同学们的关注和羡慕。

　　第二天，麦麦顶着黑眼圈来到学校。卓卓得知麦麦熬夜打游戏，便劝说道："马上期中考试了，你等考完试再玩不行吗？"谁知，麦麦却摇了摇头："活动就这么几天，你是怕我超过你吧？"卓卓看他这样，便不再劝说了。

　　就这样，麦麦在期中考试前一直熬夜打游戏，同学们都劝他，但他总是不以为意，后来同学们看他没有要改正的想法就不再劝了。期中考试结束，麦麦果然没有考好，不但被老师批评了一顿，还被妈妈没收了手机，禁止他以后再打游戏。

　　麦麦看着试卷上的红叉，陷入了深深的后悔中。

你有没有遇到过这样的情况？

① 在做决定时，总是习惯考虑眼前的利益。

② 总是追求短期的成功，却造成了长期的困扰。

麦麦把时间和精力都花在了游戏上。他觉得通过购买虚拟道具能快速提升游戏等级，能够吸引同学们的关注和羡慕，却忽视了学生最重要的任务是学习。老师告诉麦麦，做事情要有长远的眼光，不能只顾眼前的利益。

在日常生活中，我们常常会被眼前的利益所吸引，但实际上，长远的眼光才能帮助我们获得更持久的成功。那么，要怎样做才能培养长远的眼光呢？

第一，做决定时，要多考虑几步

在做决定时，不仅要考虑眼前的利益，还要思考这些决定从长远来看会带来什么影响。例如，在学习中，不仅要注重当前的考试成绩，还要关注所学知识的全面性和系统性。这样，你才能在未来的学习和工作中更加从容。

第二，学会放眼未来，制订长远目标

培养长远的眼光，需要我们学会制订长远的目标，并为之努力。比如，我们可以制订阶段性目标和长期目标，通过逐步实现这些目标，来达到更高的成就。这样的规划不仅能让人更有方向感，还能让人在遇到困难时保持前进的动力。

多亏你点醒了我。谢谢！

不要只顾眼前利益哦！

通过这些方式，不仅能避免因为追求短期利益而带来的困扰，还能在长远的道路上获得更大的成功。

当面对诱惑时，你可以这样说：

"我们需要考虑这件事的长远影响，不能只看眼前。"

当朋友追求短期利益时，你可以这样说：

"别忘了你的目标，你这么聪明，可别被眼前的利益蒙蔽了双眼。"

当大家制订规划时，你可以这样说：

"我们应该制订一些长远的目标，并一步步地实现它。"

快来升级了 💡

周六下午，你看到你的同学正在公园里弹吉他。你上前询问，原来他是想赚钱买辆自行车。可是，你们周一就要考试了，你要如何劝说他呢？

A."买自行车？跟你父母要钱呗！"

B."周一就要考试了，你还是先去准备考试吧，考完试我帮你一起赚钱。"

C."赶紧回家看书去，怎么分不清轻重缓急呢？"

答案：B

第四章

沟通交流
——一句话能成事，也能坏事

1

不随便插话——沟通的基本礼仪

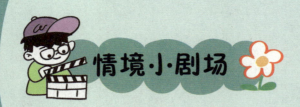

情境·小·剧场

　　班里组织了一次小组讨论活动，每个同学都有机会发言。小鸿是个急性子，每当同学们发言时，他总是忍不住插嘴，发表自己的看法。

　　这天，大家讨论的主题是"如何保护环境"。一个同学正说到自己家里如何节约用水时，小鸿突然插嘴："这有什么说的，我家里也是这样做的！"对方有些尴尬，但没有理会小鸿。过了一会儿，另一个同学开始讲自己对垃圾分类的看法，谁知小鸿又打断道："你说的这些我早就知道了，其实还有更好的办法呢！我跟你说……"

　　小组讨论结束后，同学们都对小鸿的插嘴行为感到不满，觉得他不尊重别人。小鸿不明白为什么大家这么反感自己，难道是自己做错了吗？老师注意到了小鸿的问题，专门找小鸿谈话。

原来是这样

你有没有遇到过这样的情况?

1 在与别人交流时,总是忍不住插嘴。

2 经常想到什么说什么,总会打断别人的发言。

你们说的都不对!

最近,小鸿觉得特别委屈。自己只不过是多说了几句话,班里的同学就不愿意搭理自己了,就连老师也说自己做得不对,这究竟是为什么呢?妈妈知道这件事后,语重心长地告诉小鸿,说话没有错,但打断别人说话就是不礼貌的行为了。小鸿恍然大悟,他决定立刻跟同学们道歉,并且时刻提醒自己不要打断别人说话。

在与人交流时，要学会尊重别人的发言，不随意插嘴，这是沟通的基本礼仪。那么，怎样才能让对方感到被尊重呢？

第一，学会倾听，尊重他人的发言

在别人发言时，要学会倾听，尊重他人的发言内容。保持耐心，不随意打断，等对方说完后再表达自己的意见。比如，在小组讨论时，可以先认真听取每个人的观点，然后再发表自己的看法，这样既能了解全貌，也能让大家感到被尊重。

第二，控制情绪，避免冲动插嘴

当你有话想说时，要学会控制情绪，避免冲动插嘴。你可以在心里默默记下自己的观点，等对方说完后，再有条理地表达出来。比如，当同学

70

在讨论问题时，如果你有不同的建议，可以先控制自己冲动的情绪，耐心等待适当的时机再说。

通过这些方式，就能够让你在沟通中展现出良好的风度和修养。

情商技能书

当你不小心打断别人说话时，你可以这样说：
"对不起，这太不应该了，请你继续说吧。"

当朋友在讨论中频繁插嘴时，你可以这样说：
"我们先听完他的观点，然后再讨论吧。"

当你表达观点却被他人打断时，你可以这样说：
"可以先让我说完，然后咱们再一起讨论吗？"

快来升级了

快到联欢会了，你跟大家一起讨论节目的顺序。轮到你发表意见时，另一个同学却一直打断你，自顾自地发表他的看法。这时，你会跟对方说什么呢？

A."我马上就讲完了，等我讲完，你再补充可以吗？"
B."没听见我在说话吗？真没礼貌。"
C."来来来，我不说了，都听你说。"

答案：A

2 不要说谎——真诚的人更受尊重

情境小·剧场

　　小海最近迷上了打游戏，导致语文测验时成绩一落千丈。小海害怕回家被爸爸妈妈责骂，于是便偷偷把卷子藏了起来。同学维维是小海的邻居，他看到小海藏卷子便劝他不要这么做，可小海却没听进去。

　　回到家后，小海撒谎说今天还没有发卷子，妈妈信以为真。这时，维维来找小海玩。小海担心维维把他藏卷子的事说出来，心里非常不安，于是，他便拉着维维跑了出去。

　　第二天，妈妈送小海去学校，正好迎面碰上老师。小海害怕老师告诉妈妈卷子已经发了的事，赶忙装肚子疼，让妈妈送他去医院。但是，下午老师就在家长群里说了发卷子的事，小海的谎言就这样被戳穿了。

　　妈妈知道小海说谎后感到非常气愤。妈妈告诉小海，考试没有考好，可以总结经验，下次继续努力，但不能为了逃避责任而撒谎。

你有没有遇到过这样的情况？

① 因为害怕被责骂或嘲笑，不得已撒了一个谎。

② 撒了一个谎后，就不得不用更多的谎话来弥补，结果让事情变得越来越复杂。

小海原本想靠撒谎来逃避惩罚，结果没想到，撒了一个谎后却要用更多谎言来弥补，担惊受怕不说，最后还会受到更严厉的惩罚。妈妈告诉小海，撒谎不仅不能解决问题，反而会让事情变得更加复杂，倒不如在最开始就坦诚面对。

在日常生活中，诚实是非常重要的品质，撒谎不仅会让事情变得越来越复杂，还会失去别人的信任。那么，当你碰到了这样的问题时应该怎么办呢？

第一，诚实面对，勇敢承认错误

当你做错事情时，一定要诚实面对，勇敢承认自己的错误。诚实地承认错误，往往能得到别人的理解和原谅。比如，当你考试成绩不理想时，可以坦诚地告诉父母和老师，说明自己会努力改进，这样不仅能赢得他们的信任，也能获得更多的帮助和支持。

第二，寻求帮助，解决实际问题

遇到困难时，要积极寻求帮助，解决实际问题。比如，在学习上遇到困难时，可以向老师或同学请教，而不是通过撒谎来掩盖自己的不足。通

我知道错了，看我的期末成绩吧！我肯定好好努力！

过寻求帮助，你可以更好地克服困难，提高自己的能力。

通过这些方式，不仅能避免因撒谎而带来的麻烦，还能在日常生活中建立更好的信任关系，获得更多的支持和理解。

情商技能书

当你害怕承担后果时，你可以这样说：
"对不起，我知道是我做错了，我可以弥补！"

当朋友因为害怕而撒谎时，你可以这样说：
"勇敢承认错误，才能解决问题。"

当你已经用撒谎来解决问题时，你可以这样说：
"对不起，之前是我说谎了，我很不安，其实事情是这样的。"

快来升级了

考试前夕，妈妈提出帮你一起复习，可你却撒谎说已经复习完了。到了考试当天，你却发现很多题目都不会做。成绩下来后，你果然考得很不理想。这时，你会对妈妈说些什么呢？

A."这次考试难，大家都没考好。"
B."老师说给我算错成绩了，我不止考这些分数，明天我去问问老师。"
C."我考试前撒谎了，其实我没有复习，我很后悔，我不会再贪玩了。"

答案：C

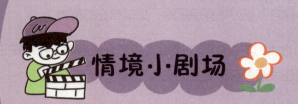

情境·小·剧场

　　小美所在的班级正在举办小组讨论活动，活动的主题是"如何美化校园环境"。小美觉得校园内应该多放几个垃圾桶，可小莉却认为垃圾桶太多会影响校园美观，应该多立一些"不要随手乱扔垃圾"的牌子来提醒大家。

　　小美认为自己说得对，应该按自己说的做，而小莉认为自己的办法更好。两个人讨论着，小美的声音也不由自主地提高了。小美想靠大嗓门把小莉的声音压下去，这样大家就会听自己的意见了。

　　可是，两个人还没讨论出结果，同学们就纷纷捂着耳朵走开了。大家都嫌小美的嗓门太大了。小美又气又急，自己只是发表看法而已，大家至于这么夸张吗？

原来是这样

你有没有遇到过这样的情况?

1 在与别人讨论时,声音总是不由自主地越来越大。

2 每次发生争执时,就会被大家说嗓门大。

小美在班级讨论时大喊大叫,让同学们感到很不舒服。小美也十分困惑,自己不就是嗓门大了点吗? 自己的观点又不是不对,至于这么大反应吗? 就在小美困惑时,老师告诉她,说话不必大喊大叫,嗓门大不代表有道理,而平和的语气更容易让人接受。小美决定先按老师说的试试看。

应该这么做

在与人交流时，学会用平和的语气表达自己的观点，不仅能让讨论更顺畅，还能让别人更愿意倾听。那么，怎样才能做到说话不大喊大叫呢？

第一，控制音量，保持平和语气

在讨论时，要学会控制自己的音量，保持平和的语气。通过平和的语气表达观点，不仅能让别人更容易接受，还能避免因大声说话引起的紧张气氛。比如，在小组讨论时，可以有意识地放低音量，语速也要适中，这样大家会更愿意听你说话。

第二，用理性说服，而非音量

在讨论中，用理性和逻辑说服别人，而不是依靠音量。通过有力的论据和清晰的逻辑表达自己的观点，这样才能更有说服力。比如，在讨论如

小美说话温柔多了。

何改善学校环境时，可以用数据和事实来支持自己的观点，而不是通过大喊大叫来强调。

通过这些方式，你就能在交流中获得更多的尊重和理解。

情商技能书

当你发现自己声音过大时，你可以这样说：
"对不起，我一着急说话声音就大，我重新说一下我的看法吧。"

当朋友在讨论中大喊大叫时，你可以这样说：
"你先喝口水，然后再慢慢说吧。"

当你想强调自己的观点时，你可以这样说：
"我刚才说的，大家听懂了吗？我就是觉得，我们这样做可能会更好。"

暑假快到了，你跟同学们商量去哪里玩。你的好朋友提议去打篮球，可你觉得露天球场太热了，就建议大家去游泳。可是，他却很大声地坚持要去打篮球。这时，你会如何劝说他呢？

A."大热天的，打什么篮球，要去你自己去。"
B."我们可以白天游泳，晚上打球，这样凉快一些，你觉得可以吗？"
C."去就去呗，你那么大声做什么。"

快来升级了

答案：B

4

情境小·剧场

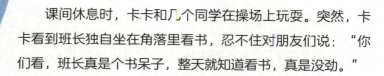

课间休息时，卡卡和几个同学在操场上玩耍。突然，卡卡看到班长独自坐在角落里看书，忍不住对朋友们说："你们看，班长真是个书呆子，整天就知道看书，真是没劲。"

朋友们听了，有的笑了笑，有的附和道："是啊，他总是那么无聊。"卡卡觉得自己赢得了大家的赞同，心里很得意。

从洗手间回来后，卡卡发现朋友们正围在一起聊天。他正要去打招呼，却听到大家提到了自己的名字，于是便偷偷听起来。只听见一个朋友说道："卡卡也真是的，班长看不看书跟他有什么关系，他管得着吗？"其他朋友也纷纷附和。

卡卡觉得很伤心，刚才大家还一起说班长呢，怎么一转头，大家就开始说自己的坏话了呢？

你有没有遇到过这样的情况？

 和朋友们聊天时，忍不住说了别人的坏话。

 发现别人说了自己的坏话，觉得很伤心。

　　卡卡在和同学们聊天时，说了班长的坏话，结果一转眼，大家又背着卡卡说了他的坏话。卡卡很不理解为什么大家要这样对自己，于是就对老师说了这件事。老师告诉卡卡，说别人坏话是不礼貌的行为，容易招人反感。言语伤人，有时候比拳脚更具伤害性。卡卡十分愧疚，当即决定去跟班长道歉。

他们为什么会这样？

在日常生活中，少说别人的坏话，不仅能避免矛盾，还能建立更和谐的人际关系。那么，怎样才能做到少说别人的坏话呢？

第一，站在别人的角度思考问题

在说别人坏话之前，先站在别人的角度思考，试着理解他们的处境和感受。通过换位思考，你会发现很多事情其实并不像表面看起来那么简单。

第二，专注于积极的话题

在与朋友交流时，尽量专注于积极和有建设性的话题，而不是散布负面的评价和批评。讨论积极的话题，不仅能增进友谊，还能让大家都感到愉快。比如，可以和朋友们聊聊各自的兴趣爱好和未来的计划，而不是讨论别人的缺点和错误。

82

通过这些方式，不仅能避免因为说别人坏话而带来的麻烦，还能在日常生活中建立更好的友谊和信任。

情商技能书

当你无意间说了别人坏话时，你可以这样说：
"其实我不该说这些的，算了，不说了。"

当朋友在说别人坏话时，你可以这样说：
"别说这个了，我们聊点有意思的，你上次说你去看球赛了？"

当你听到别人在讨论你的缺点时，你可以这样说：
"原来我有这么多问题，谢谢提醒，下次可以当面告诉我。"

快来升级了

你和朋友在公园玩，无意间发现班上一个同学从秋千上摔了下来。第二天，朋友在班里嘲笑那个同学笨手笨脚，还拉着你让你"作证"。这时，你会怎么说呢？

A."就是！他太笨了，摔了个四仰八叉。"
B."太远了，我没看清是不是他，而且，我感觉摔跤挺正常的。"
C."就你聪明，你就没摔过跤？"

答案：B

5

不轻易许下诺言——避免失信于人

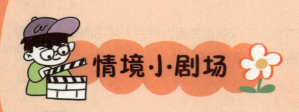

情境小·剧场

班级里即将举办一场大型活动，老师希望大家都能积极参与，贡献自己的力量。小华一向喜欢表现自己，于是当老师问谁愿意负责布置教室时，小华毫不犹豫地举手说："我来负责！"

同学们听了都很高兴，纷纷表示愿意帮忙。小华心里也很得意，觉得自己是值得大家信赖的人。可是，当活动筹备工作开始时，小华却发现布置教室比自己想象的要复杂得多。她需要准备各种装饰品，还要协调同学们的时间和分工。由于时间紧迫，小华手忙脚乱，甚至还耽误了自己的功课。最终，在活动开始的前一天，布置工作仍然没有完成，教室显得非常凌乱。

同学们对小华感到很失望，有些人甚至开始埋怨小华不该轻易许诺。小华又累又委屈，忍不住哭了起来。

你有没有遇到过这样的情况？

① 为了显得有能力而轻易许下诺言，结果却发现无法兑现。

② 因为无法履行承诺，朋友对你感到很失望。

小华觉得很委屈，虽然最后没有完成工作，但自己也付出了很多劳动，甚至还影响了学习，大家怎么能这样说自己呢？看着委屈的小华，老师温和地说道，诺言是一种责任，轻易许下诺言却无法兑现，只会让人失望。小华点了点头，决定下次没有十足的把握前，一定不再轻易开口许诺。

应该这么做

在日常生活中，诺言是一种责任。轻易许下诺言却无法兑现，不仅会让人失望，还会影响自己的信誉。那么，怎样才能学会不轻易许下诺言呢？

第一，慎重考虑，量力而行

在许下诺言之前，要仔细考虑自己是否有能力和条件兑现这个诺言。如果不确定自己能否完成，就不要轻易承诺。比如，当朋友邀请你参加活动时，如果你不确定能否按时到达，可以说："我需要确认一下时间，到时候再告诉你。"这样既能显示你的诚实，也能避免因无法兑现承诺而使朋友失望。

第二，明确条件，避免误会

在许下诺言时，要明确条件和前提，避免因误解而导致无法兑现。例如，你答应帮助朋友完成作业，可以说明："如果我今晚能早点完成自己

的作业，我会帮你。"这样不仅能让朋友知道你的实际情况，也能避免因无法兑现诺言而让朋友失望。

通过这些方式，不仅能避免因无法兑现诺言而带来的困扰，还能在朋友中建立起更好的信誉和关系。

情商技能书 ×××××××××××××××

当你不确定是否能完成某件事时，你可以这样说：
"我需要考虑一下，再回复大家。"

当朋友轻易许下诺言时，你可以这样说：
"你确定可以吗？要不要我帮你一起做？"

当你许下诺言后，可以这样做：
"我会尽全力去完成，不让大家失望，也希望大家能协助我，顺利完成任务。"

快来升级了

你画画很不错，班里有同学请你绘制板报，可你担心时间太短，无法按期完成工作。这时，你会如何跟大家说呢？

A."时间太短，我不敢保证一定完成，我尽力吧。"
B."没问题，我肯定能画完，放心吧。"
C."这么短的时间，我画不完，你们去找别人吧。"

答案：A

第五章

行为举止
——你的行为
代表着你的素质

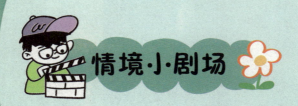

情境·小剧场

1
举止有度——行为举止是素质的表现

　　巧巧是个活泼好动的孩子，喜欢在课堂上讲笑话、做鬼脸，引得同学们哈哈大笑。有一天，学校请了一位著名的儿童作家来学校讲座，所有同学都兴致勃勃地期待着。

　　讲座开始后，作家正在台上认真地讲述他的创作经历，同学们听得入神。当作家讲自己儿时踢球把玻璃击碎的故事时，巧巧忍不住说道："看来只要调皮捣蛋，长大就能当作家呀！"说完又开始做起鬼脸，逗得周围的同学忍俊不禁。作家微微皱了皱眉，但没有理会。

　　巧巧很得意，觉得自己成了全场的焦点，于是又接了几次话。可这回，大家却纷纷向巧巧投来不满和指责的目光，班主任也很严肃，让巧巧不要再接话了。巧巧羞红了脸，却不明白为什么大家的态度突然变了。

你有没有遇到过这样的情况？

[1] 在公共场合做了一些不合适的行为，结果惹人反感。

[2] 自己的行为影响了别人，受到了对方的指责。

讲座结束后，巧巧越想越委屈，自己一向很受欢迎，为什么这次大家突然就不喜欢自己的"幽默"了？班主任告诉巧巧，行为举止是一个人素质的体现，良好的举止能让人看起来更有修养。巧巧的接话是很不礼貌的行为，所以大家才露出不满的表情。巧巧恍然大悟，看来，以后一定要多注意自己的言行举止。

良好的行为举止不仅能体现一个人的素质，还能影响别人对你的看法。那么，怎样才能做到举止有度呢？

第一，注意自己的行为举止

在公共场合要避免做出不合适的动作。比如，当你在听讲座时，要专心聆听，不随意打断或做出引人注目的动作。在课堂或公共交通工具上，要保持安静，不大声喧哗或做出影响他人的行为。

第二，不因为情绪失控而做出失礼举动

在与人交往中，要学会控制好自己的情绪，不要因为情绪失控而做出失礼的举动。比如，当你感到生气时，可以通过深呼吸来平复情绪，而不是选择大喊大叫、大吵大闹来宣泄情绪。

通过这些方式，你不仅能改善自己的行为举止，还能在日常生活中为自己赢得更多的尊重。

绝对不能说话，不能打扰大家。

情商技能书

当你发现自己行为不当时，你可以这样说：
"对不起，我有点得意忘形了，抱歉。"

当朋友在公共场合出现不当的行为时，你可以这样说：
"我们在公共场合要注意举止，这样大家才会对我们有好印象。"

当你因为不当的举止给他人造成困扰时，你可以这样说：
"实在对不起，是我不好，我们继续吧，我保证不会再这样了。"

快来升级了

你是个很擅长说笑话的人。一次，班里举行联欢会，两个同学在讲台上表演相声。你觉得相声很无聊，就开始给其他同学讲笑话。班长觉得你不尊重同学，让你不要再讲了。这时，你会如何回答呢？

A."对不起，是我不对，我保证不说了。"
B."不就讲个笑话吗，至于吗？"
C."他们讲的没意思，还不如听我讲呢。"

答案：A

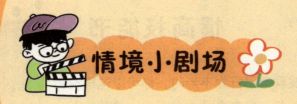

情境·小·剧场

　　小璇是个聪明可爱的女孩，但她有个小毛病，就是站姿和坐姿都不太规范。一天，小璇代表班级，在全校师生面前演讲。她拿着稿子，有些紧张地往主席台走去。可她刚走到主席台，就听到下面有同学在小声议论自己："她为什么要撇着脚走路？"

　　听到这句话后，小璇更加紧张，她演讲完就匆匆走下主席台，回到自己班级的队伍中。这时，小璇又听到隔壁班两个调皮的男生在议论自己。一个男生说道："她刚才驼着背，好像鸵鸟。"另一个男生则笑着说道："我看像乌龟！"

　　隔壁班的班主任立刻批评了那两个男生，但小璇还是忍不住哭了起来，早知道就不去演讲了。

你有没有遇到过这样的情况？

1 总觉得正确的站姿和坐姿太累，不愿意坚持。

2 因为站姿和坐姿，受到过别人的嘲笑。

小璇回到家后，立刻跟妈妈说了在学校受到的委屈。小璇认为，自己的坐姿和站姿不好看跟别人没关系。但妈妈趁机告诉小璇，正确的形体姿态不仅能提升个人气质，还能维持身体健康。小璇听了妈妈的话后，决定要好好练习得体的站姿和坐姿，一定不会再让大家嘲笑自己了。

在日常生活中，掌握正确的形体姿态，不仅能提升个人气质，还能维持身体健康。那么，要怎样才能做到"站如松，坐如钟"呢？

第一，挺拔站立，保持身姿

站立时，要注意保持身体的挺拔，避免弯腰驼背。具体来说，你可以抬头挺胸，双肩放松，双腿微微分开，脚尖朝前。通过这样的站姿，不仅能让你显得更有精神，还能帮助你培养自信心。在学校的升旗仪式或公开演讲时，保持挺拔的站姿，可以让你看起来更加自信和更有气质。

第二，端正坐姿，保持稳定

坐下时，要注意保持背部挺直，避免塌腰或侧身。你可以将双脚平放在地面，双手自然放在腿上，背部靠在椅背上。这样的坐姿不仅舒适，还能显得更有礼貌和教养。在课堂上或正式场合，保持稳定的坐姿，可以让你显得更有修养和更专注。

通过这些方式，我们不仅能掌握正确的形体姿态，还能在日常生活中展示出更好的气质和修养。

情商技能书

当有人嘲笑你的站姿或坐姿时，你可以这样说：
"我正在练习，如果你们有好方法，也请告诉我。"

当朋友的站姿或坐姿不规范时，你可以这样说：
"我们可以一起练习正确的姿态，这样不仅看起来更有气质，还能保护身体。"

当你发现自己的站姿或坐姿不规范时，你可以这样说：
"如果大家觉得我的站姿或坐姿不好看，一定要告诉我哦！"

快来升级了

演讲结束后，你的同学告诉你，你走路的姿势不好看，可你自己却并未发觉。这时，你会如何对大家说呢？

A. "我走路好不好看，关你什么事？"
B. "我没觉得我走路不好看啊，你在开玩笑吧？"
C. "谢谢，具体是什么样呢？能详细说说吗？"

答案：C

3 掌握体态语言——微笑点头，传递温暖

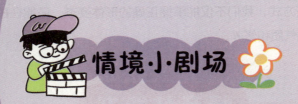

情境·小·剧场

　　小晨是个内向的孩子，他在与同学交流时总是不知道该怎样表达自己内心的想法。一次，学校组织了合作活动，小晨所在的小组里全是他不认识的人。他有点紧张，不知道该如何与组员们交流。

　　活动开始之前，小晨一直没有说话，只是默默地跟着大家做事。活动进行时，小晨更是惜字如金，就连组员主动找他搭话，他都不敢开口回答。大家都觉得小晨太过"高冷"，是个不好相处的人，于是慢慢都不找他说话了。

　　活动结束后，小晨所在的小组因为合作问题没能拿到名次，小晨很想跟大家道歉，却因为紧张和内向说不出口，只是局促地站在那里。同学们看小晨没有什么表示，都失望地走开了。

你有没有遇到过这样的情况？

1 在与别人讨论时，声音总是不由自主地越来越小？

2 发现自己在交流中总是显得生硬，没办法准确表达自己的想法。

小晨因为小组活动闷闷不乐，老师发现这个情况后，主动来找小晨谈心。老师告诉小晨，体态语言是沟通的重要方式，良好的体态语言能够让人感觉更亲切和信任。如果实在不知道如何跟对方交流，那么微笑也是一种表示友好的办法。小晨觉得老师的话很有道理。

99

应该这么做

学会使用体态语言，既可以有效地传递友好和理解，也可以增进人与人之间的信任和沟通。那么，要怎样才能用好体态语言呢？

第一，微笑，展示友好

在与人交流时，微笑是一种简单有效的体态语言。一个真诚的微笑能够拉近人与人之间的距离，让对方感到温暖和友好。当你见到同学或朋友时，可以主动微笑问候，这样不仅能让对方感到愉快，还能提升自己的亲和力。

第二，点头，表示赞同

在倾听别人说话时，适时地点头表示赞同和理解，是一种尊重他人的表现。点头能够让对方感觉到你在认真听，并且认同他的观点。在课堂讨论或小组活动中，当同学发表意见时，你可以通过点头来表示你在认真听，并且同意他的看法。

通过这些方式，不仅能掌握体态语言，还能在日常交流中传递更多的温暖和理解，提升自己的人际沟通能力。

情商技能书

当别人与你交流时，你可以这样说：
"我挺内向的，但我会努力回应大家。"

当你在倾听别人的发言时，你可以这样做：
面带微笑，通过点头来表示赞同和理解。

当你想建立更好的信任关系时，你可以这样说：
"虽然我话比较少，但我真的很想跟你做朋友。"

快来升级了

你是个很内向腼腆的人，当你被安排到一个陌生的小组，紧张得不敢开口说话时，你旁边的同学已经开始发言了。这时，你会如何做呢？

A. 低着头，做自己的事，以此掩盖内心的紧张。
B. 抠手或者玩笔，不接话。
C. 微笑点头，表示赞同对方的话。

答案：C

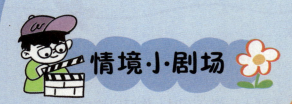

情境·小·剧场

平平是个不拘小节的孩子。一次，学校组织了参观博物馆的活动，要求同学们必须穿校服。到了博物馆门口，同学们的衣服都格外整洁，只有平平的校服上满是泥土，看起来很脏。

原来，平平昨晚穿着校服去踢球，摔倒的时候不小心把校服弄脏了。妈妈把平平的校服扔到衣篓里，还特意叮嘱平平早上穿之前那身洗好的校服。可平平懒得去衣柜里拿，便把衣篓里的脏衣服穿上了。

本来平平觉得没什么不妥，可跟大家的校服一比，他就觉得有些尴尬了。参观博物馆的时候，平平总觉得老师、同学、讲解员和工作人员都在打量自己的衣服，这种感觉让平平更加难受。好不容易参观完了，平平一溜烟儿跑回了家，赶紧把脏衣服脱了下来。

原来是这样

你有没有遇到过这样的情况？

1 对穿着打扮不上心，结果在重要场合给别人留下不好的印象。

2 觉得注重仪表很麻烦，结果却被人批评不尊重人。

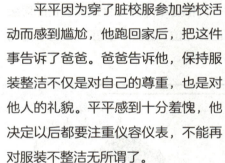

平平因为穿了脏校服参加学校活动而感到尴尬，他跑回家后，把这件事告诉了爸爸。爸爸告诉他，保持服装整洁不仅是对自己的尊重，也是对他人的礼貌。平平感到十分羞愧，他决定以后都要注重仪容仪表，不能再对服装不整洁无所谓了。

在日常生活中，保持服装整洁，不仅能展现个人素质，还能赢得他人的尊重。那么，要怎样才能保持服装整洁呢？

第一，每天整理衣物，保持清洁

每天早上起床后，要养成整理衣物的习惯，确保衣服干净整洁。穿上整洁的衣服，不仅能让自己感觉舒适，也能给别人留下好的印象。上学前，应该检查校服是否整洁，鞋子是否干净，穿上整洁的校服、干净的鞋，这样能让自己显得更有精神。

第二，选择适合场合的服装

根据不同的场合选择适合的服装，既能表现自己的礼貌，也能展示自己的品位。比如，在正式场合要穿得正式，在休闲场合可以穿得轻松，但

无论什么场合，都要确保服装整洁。这样既能体现自己的礼貌，也能让自己在各种场合都显得得体。

通过这些方式，不仅能保持服装整洁，还能在日常生活中展现更好的形象和素质。

情商技能书

当你穿了不整洁的衣服被大家批评时，你可以这样说：
"今天起晚了，没注意，下次一定注意，谢谢大家告诉我。"

当朋友在重要场合没有注意穿着时，你可以这样说：
"保持服装整洁可以提升形象和自信，咱们都要注意。"

当朋友拉着你一起穿奇装异服时，你可以这样说：
"在正式场合穿得得体整洁一些，可以给别人留下好的印象。"

快来升级了

你跟朋友约好了去美术馆看展，美术馆规定入场服装要得体，可你却穿着拖鞋就来了。检票员告诉你，穿拖鞋是不允许入场的。这时，你会如何说呢？

A."对不起，我回去换双鞋，你先进去吧，我很快就回来。"
B."穿拖鞋怎么就不得体了？看个展还要求这么多。"
C."别这么死板，通融一下呗。"

答案：A

情境小·剧场

方方做事总是喜欢拖拖拉拉。一天，班主任宣布要举行一场重要的班会，在班会上，校长也要讲话，要求全班同学准时到场。

班会定在下午四点开始，方方觉得时间还早，就在操场上和同学们打球。等他打完球，已经是三点五十分了。他不慌不忙地往教学楼走，刚走到一半，他又想去卫生间，去完卫生间都四点十分了。

当方方回到教室时，班会已经开始了。方方因为迟到，不得不站在门外，等校长讲话结束后才进教室。方方觉得很委屈，便跟同学抱怨老师不近人情。可同学却对方方说道："平时打球你也总迟到，让我们所有人等你一个人，我觉得老师做得对，你应该长长记性。"方方听完更加委屈，大家为什么要针对自己呢？

你有没有遇到过这样的情况？

① 在重要场合因为不守时而被批评，觉得既尴尬又羞愧。

② 因为不守时，给别人留下了不好的印象，从而导致别人对自己不信任。

方方因为在班会上迟到，被老师罚站。同学们都认为老师做得对，这让方方觉得非常委屈。回到家后，方方对妈妈说了这件事。妈妈告诉方方，守时不仅是对自己负责，也是对他人的尊重和礼貌。妈妈还举了因不守时而带来严重后果的例子，方方这才明白，自己的漫不经心给大家造成了很大的困扰。

应该这么做

在日常生活中，养成守时的习惯，不仅能体现个人素质，还能赢得他人的信任。那么，要怎样才能做到守时呢？

第一，提前计划，合理安排时间

要做到守时，首先要学会提前计划，合理安排时间。你可以在前一天晚上就计划好第二天要做的事情，安排好每项活动的时间。比如，提前把书包收拾好，确认上课的时间，确保自己不会因为临时找东西而迟到。

第二，设定闹钟，提醒自己

可以利用闹钟或手机提醒功能，帮助自己记住重要的时间节点。在需要出门或参加活动前，设定好闹钟提醒，确保自己能准时到达。在重要活动前设定闹钟，提醒自己提前10分钟出发，这样就能避免因为忘记时间而迟到。

通过这些方式，不仅能养成守时的好习惯，还能在日常生活中展现更好的素质和修养。

你今天来得这么早啊！

情商技能书

当你发现自己迟到时，你可以这样说：
"对不起，以后我再迟到，就请大家吃棒棒糖！"

当朋友总是迟到时，你可以这样说：
"你可以提前设定闹钟提醒自己，省得总迟到你也不好意思。"

当你觉得时间不够用时，你可以这样说：
"咱们可以晚 30 分钟吗？我临时有点事，不好意思。"

快来升级了

你跟大家约好了第二天下午一点去踢球，可是，妈妈第二天中午带你去参加婚礼了，直到一点活动才结束。等你到达球场时，大家等了你30分钟。这时，你会如何跟大家说呢？

A. "实在抱歉，我妈临时带我去参加婚礼了，我也很着急，对了，我给大家带了巧克力，我们吃完再踢球吧！"
B. "不就多等了30分钟嘛，我之前也等过你们，至于脸色这么差吗？"
C. "我也没来多晚啊，再说，你们来这么早干吗？"

答案：A

第六章

心灵涵养
——打造一颗美丽的心灵

丢掉偏见——别戴着有色眼镜看人

情境·小·剧场

小松是班里的新同学，穿着一直都比较朴素。一次，班级举办了才艺表演，小松也报名参加了。老师说才艺表演时大家可以不用穿校服，可以穿自己喜欢的衣服。

小松上台前，微微和几个同学凑在一起，低声议论说道："你们看，小松穿得这么旧，他能有什么才艺啊？而且他平时也不怎么说话，能表演什么啊？"

小松无视微微的质疑，只是深吸一口气，拿起吉他开始演唱歌曲。随着吉他声和歌声响起，大家逐渐被小松吸引了。表演结束后，场下掌声雷动，同学们纷纷对小松竖起了大拇指，还告诉微微不能戴着有色眼镜看人。

微微觉得有些不好意思，但嘴上却说道："不就是唱歌嘛，有什么了不起的。"大家听了纷纷摇头，谁也不理会微微了。

原来是这样

有色眼镜

你有没有遇到过这样的情况？

1 在与新同学相处时，总是因为外表或背景而对他们产生偏见。

2 因为戴着有色眼镜看人，结果错过了很多机会。

大家在才艺表演中都被小松的才华震惊了，只有微微因为小松穿的衣服旧，就认为小松是个没有才华的人。老师告诉微微，所有人都是一样的，不要戴着有色眼镜看人，不要因为对方的穿着、长相就随便给对方下结论。微微面对老师的批评，羞愧地低下了头。

学会不戴有色眼镜看人，才能更好地了解他人，并且建立更和谐的人际关系。那么，怎样才能做到不戴有色眼镜看人呢？

第一，尊重每个人的独特性

每个人都有自己的独特之处和优点，要学会尊重每个人的独特性。不要因为对方的外表、背景或其他表面因素就轻易下结论。当你遇到新同学时，可以通过与他们交流，了解他们的兴趣和特长，而不是仅凭外表来判断。

第二，保持开放的心态

在与人交往中，要保持开放的心态，愿意接受和包容不同的人和事物。通过开放的心态，你能更好地理解和欣赏他人的优点和长处。在团队

合作中，对待队友不要存有偏见，而要积极听取他们的意见和建议，这样才能更好地完成任务。

通过这些方式，不仅能消除对他人的偏见，还能在日常生活中与他人建立更深厚的关系，真正做到平等对待每一个人。

情商技能书

当你发现自己对他人有偏见时，你可以这样说：
"我又犯了以貌取人的毛病，对不起。"

当朋友对新同学有偏见时，你可以这样说：
"我们还不了解对方是什么人，先不要着急下结论。"

当你伤害了对方的自尊而被批评时，你可以这样说：
"对不起，我没有恶意，我保证不会再这样了。"

快来升级了

你们班里来了一位转学生，他又瘦又矮，穿衣很朴素。一天，老师让你统计大家参加夏令营的报名情况，去的人要交2000元的报名费。你觉得新同学可能拿不出这笔钱，这时，你会如何跟对方说呢？

A. "老师让我统计夏令营的报名情况，每人2000元的报名费，如果你暑假有其他安排，或者对夏令营没什么兴趣可以不参加，这个不是强制参加的。"
B. "参加夏令营的要交2000元报名费，你能去吗？"
C. "2000元的报名费是不是太多了，要不你别去了。"

答案：A

2

听到批评先接受——有则改之，无则加勉

情境小·剧场

　　西西在学校的表现一直很优秀。但最近，她数学考试失误了，导致成绩没有预期的好。数学老师在课堂上批评了西西，并让她学习的时候再认真一点儿。

　　西西听了老师的批评，心里很不舒服，便当场跟老师反驳道："老师，我觉得自己已经很努力了，我只是因为粗心才算错了答案，不是掌握得不好，您至于这么批评我吗？"

　　数学老师为了不影响课堂秩序，就让西西下课到办公室说。可是，西西却一直责怪老师对自己太苛刻，说着说着还哭了起来。数学老师对西西有些失望，但他还是跟西西道了歉，然后继续上课。下课后，大家都劝西西，说她不应该这么跟老师说话，应该去跟老师道歉，可西西却觉得自己根本就没做错。

你有没有遇到过这样的情况？

① 听到别人的批评时，就会感到很不舒服。

② 不能接受批评，总觉得对方是在故意针对自己。

西西在数学考试中失误后被老师批评了，感到非常委屈。回家后，她对妈妈说了这件事。妈妈告诉她，听到批评先接受，然后看看哪里可以改进，有则改之，无则加勉。在妈妈的劝说下，西西才发现老师批评自己其实是为了自己好，她很羞愧，决定第二天就去跟老师道歉。

在日常生活中，学会接受批评，不仅能帮助我们发现自己的不足，还能促进我们的成长和进步。那么，怎样才能做到听到批评先接受呢？

第一，认真倾听，不急于辩解

在听到批评时，要保持开放的心态，认真倾听对方的意见，不要急于辩解或反驳，而是先听完对方的全部话语，了解他们的观点和建议。比如，当老师或朋友指出你的不足时，可以先耐心听取他们的意见，然后再进行反思。

第二，分析批评，找出改进的方向

接受批评后，要认真分析批评的内容，找出改进的方向。通过反思和总结，找到自己需要改进的地方，并制订相应的计划进行提升。比如，当被批评学习方法不当时，可以思考有哪些具体的问题，然后寻找改进的方法，如调整学习计划或请教老师。

通过这些方式，不仅能更好地接受批评，还能在日常生活中不断提升自己，实现更大的进步。

情商技能书

当你听到别人批评自己时，你可以这样说：

"我接受你的批评，如果我确实有这个问题，我一定会改。"

当朋友因为老师的批评而感到不舒服时，你可以这样说：

"有则改之，无则加勉，老师也是为了我们好。"

当你对其他同学提出建议时，你可以这样说：

"你已经很优秀了，如果能改掉粗心的习惯，那你肯定会更优秀。"

快来升级了

英语考试时，你因为粗心少答了一页卷子，考试结束后，英语老师便批评了你，说不用心。这时，你会如何跟老师说呢？

A. "老师，是我不够用心，我一定注意。"

B. "我就是没注意，又不是不会做。"

C. "学习是我自己的事，您为什么要这么严厉地批评我呢？"

答案：A

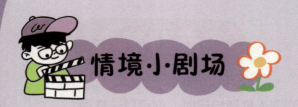

情境·小·剧场

小北很擅长数学，一次做作业时，小北却被一道复杂的题难住了。他尝试了很多方法，依然没有解出题目。朋友提议，让小北去请教楠楠，可小北一直把楠楠看成自己的竞争对手，这时向楠楠请教，不就证明自己不如他了吗？于是，他决定独自解决问题。

交作业的时间逐渐临近，小北依然没有想出解决复杂难题的方法。大家纷纷劝小北去问问楠楠，可小北就是不愿意。最后，他只好空着那道题，把作业交给了老师。最后，小北因为题目完成度不高而没有拿到积分。大家纷纷认为小北不该独自解决问题，小北也很难过，但他就是放不下面子去请教楠楠。

原来是这样

你有没有遇到过这样的情况？

1 在遇到难题时，因为不想显得无能而不愿意向他人请教。

2 想独自解决所有问题，结果问题一直得不到解决。

　　小北因为不愿意向同学请教，导致题目完成度不高，积分也因此受到了影响。老师得知此事后，主动找到了小北。老师告诉小北，请教他人不仅不会丢面子，而且会显得自己很谦虚，还能解决问题，一举多得。听了老师的劝说，小北这才放下面子，拿着没有解出来的题朝楠楠跑去。

应该这么做

学会向他人请教能解决我们眼前的难题，还能帮助我们成长和进步。那么，要怎样学会向他人请教呢？

第一，承认自己的不足，放下面子

在遇到问题时，要学会承认自己的不足，放下面子，主动向他人请教。每个人都有自己的强项和弱项，承认自己的不足并不丢脸，反而能让你进步得更快。当你在某个学科遇到困难时，可以主动向擅长这门学科的同学请教。

第二，寻找合适的帮手，博采众长

要学会寻找合适的帮手，广泛学习他人的经验和方法。通过向不同的人请教，你可以获得更多的解题视角和解题思路。比如，当你在学习上遇到难题时，可以向老师、同学或家长请教，这样可以获得不同的建议和指导。

通过这些方式，我们不仅能更好地解决问题，还能在日常生活中不断提升自己，让自己变得更完美。

情商技能书

当你遇到难题时，你可以这样说：
"这道题我怎么也想不明白，你能帮我讲讲吗？"

当朋友不愿意向别人请教问题时，你可以这样说：
"你去请教问题，不但能学到他们的经验，还能显得你很谦虚。"

当你向别人请教却被对方拒绝时，你可以这样说：
"给我讲讲吧，你也可以巩固知识，而且下次我也会帮你的。"

快来升级了

你在阅读文章时，发现很难抓住作者要表达的情感。于是，你决定向擅长做阅读理解的班长请教。这时，你会如何跟班长开口呢？

A. "班长，这道题怎么做的？让我看看。"
B. "我这道题实在想不明白，你语文这么好，能帮我讲讲吗？"
C. "给你一个教我的机会，你要珍惜哦！"

答案：B

情境·小·剧场

　　周一早上，瑶瑶起晚了。起床后，她拿起书包快速向学校跑去，当跑到学校门口时发现班里有个男生在学校门口摔倒了。瑶瑶本来想把他扶起来，可眼看上课时间就要到了，瑶瑶的班主任非常严厉，如果迟到，肯定会被罚的。想到这里，瑶瑶便快速从同学身边跑过，假装没有看到他。

　　瑶瑶踩着上课铃到了班里，班主任看了瑶瑶一眼，没有说话，瑶瑶不由得暗自庆幸。过了10分钟，在校门口摔倒的男生一瘸一拐地走进了教室。让瑶瑶没想到的是，一向严厉的班主任看到男生受伤后，不但没有批评男生迟到，反而立刻去办公室拿来了纱布和消毒药水，帮男生上药。同学们看到男生摔得严重，也纷纷投来关注的目光。

　　下课后，男生告诉大家，瑶瑶早上对自己摔倒视而不见的事。大家纷纷指责瑶瑶。瑶瑶赶紧解释自己是因为快迟到了才这样的，可大家没有听她解释，逐渐开始疏远她。

原来是这样

你有没有遇到过这样的情况？

1 在帮助他人时总是瞻前顾后，结果错失了很多友谊。

2 比起帮助别人，更优先考虑自己的利益，结果被大家批评。

瑶瑶觉得很委屈，自己只是不想迟到，为什么大家那么对自己？更何况，男生是自己摔倒的，跟自己有什么关系呢？班主任告诉瑶瑶，善待他人不仅是美德，还能让自己获得好人缘。如果不能善待他人，只顾自己，那最后大家都会离开，到时后悔也来不及了。瑶瑶听完不由得追悔莫及，赶忙去找那个男生道歉了。

应该这么做

在日常生活中，我们一定要学会善待他人，这样才能帮助我们建立良好的人际关系，并且为我们带来内心的满足和快乐。那么，要怎样才能做到善待他人呢？

第一，主动帮助，传递温暖

在看到别人需要帮助时，要主动伸出援手，传递温暖和关怀。帮助他人不仅能让对方感到温暖，也能让自己感到满足和快乐。比如，当看到同学遇到困难时，可以主动上前询问并提供帮助，通过小小的善举，温暖他人的心。

第二，尊重他人，包容理解

善待他人包括尊重他人的观点和感受，包容他人的不足和差异。通过尊重和包容，你可以建立更和谐的人际关系，获得他人的信任和友谊。比

如，在与同学相处时，要尊重每个人的意见，不要因为意见不同而产生矛盾。

通过这些方式，不仅能善待他人，还能在日常生活中与他人建立更深的友谊和信任，感受更多的温暖和快乐。

当你看到别人需要帮助时，你可以这样说：
"我来帮你吧，你需要我做什么呢？"

当朋友对需要帮助的人视而不见时，你可以这样说：
"我们要善待他人，别人才会对我们友善。"

当你因为没有帮助别人而受到批评时，你可以这样说：
"不好意思，是我做得不好，我向你道歉。"

快来升级了

你跟同学们在操场上打球时，突然发现有个小男孩因为迷路而大哭。大家纷纷劝你别管了，继续打球。这时，你会如何跟大家说呢？

A. "我们还是把他送到公安局吧，他自己太可怜了！"
B. "你们有没有同情心啊？看不见人家需要帮助？"
C. "真冷血，以后你们需要帮助的时候，也不会有人帮你们。"

答案：A

情境·小·剧场

小光是个很优秀的大前锋，他在学校的篮球赛上一直表现得非常出色，也获得了多项奖牌。一次，小光的队伍又拿下了全校冠军，小光也成了全场的焦点。回到教室后，同学们纷纷向他表示祝贺。小光十分得意，他开心地说道："多亏了我，不然我们根本拿不下这场比赛。"小光的队友和指导老师听了之后很不是滋味，大家本来很高兴，这下却都没了兴致。

晚上，指导老师说要给大家庆功，请大家吃汉堡。可是，大家被小光影响得都没有食欲了，只有小光开心地要去。他对小前锋位置的同学说道："别这么扫兴，你们虽然没怎么出力，但毕竟拿到奖牌了，也是值得庆祝的嘛。"

小前锋脸色很不好，他抓起书包转身就走，队友们也纷纷走了。小光看着大家的背影十分纳闷："大家这是怎么了？就算表现得没我好，也不用这么自责吧。"

你有没有遇到过这样的情况？

(1) 在取得成绩和进步时，会忘记感谢那些帮助过自己的人。

(2) 觉得努力是唯一的成功因素，却忽视了他人的帮助和支持。

小光拿了冠军后，却跟队友们的关系越来越疏远。小光很纳闷，便去找了指导老师谈心。指导老师告诉小光，做人要懂得感恩，球队是一个整体，每个人都对胜利作出了贡献，把所有功劳都揽到自己身上，这是很伤人心的表现。小光听完十分羞愧，赶忙去找队友们道歉了。

应该这么做

在日常生活中，懂得感恩，不仅能帮助我们建立更好的人际关系，还能促进我们的成长和进步。那么，要怎样才能做到懂得感恩呢？

第一，感谢他人的帮助，及时表达感激之情

在得到他人的帮助和支持后，要及时表达感激之情。感恩不仅是一种礼貌，也是对他人付出的认可和尊重。比如，当老师帮助你解答难题时，可以说："谢谢老师的指导，我学到了很多。"

第二，付诸行动，回报他人的帮助

感恩不仅要表现在语言上，还要通过行动来回报他人的帮助。通过实际行动，你可以更好地表达自己的感恩之情，也能帮助更多的人。比如，当同学需要帮助时，可以主动伸出援手，将别人对你的帮助传递下去，也是一种感恩之举。

通过这些方式，不仅能懂得感恩，还能在日常生活中建立更好的人际关系，获得更多的支持和成长。

当你取得好成绩时，你可以这样说：

"我要感谢那些帮助过我的人，他们的支持让我取得了今天的成绩。"

当朋友忘记感谢他人时，你可以这样说：

"我们要学会感恩，这样才能取得更大的进步。"

当你忘记感谢对方时，你可以这样说：

"昨天忘记表达我对大家的感激了，其实我心里都明白。"

你跟三名同学代表班级参加接力赛。第一棒的同学发生了失误，第二棒和第三棒的同学奋力追赶，虽然追回了不少时间，但还是被隔壁班甩在了后面。你接过第四棒，努力超过了隔壁班，让队伍拿下了冠军。这时，你会如何跟大家说呢？

A. "是我们共同努力，最终才拿下了冠军，胜利属于我们每一个人！"

B. "要不是我，咱们早输了，你们还是多练练吧！"

C. "还好有我在，不然咱们班就垫底了，好好感谢我吧。"

答案：A

第七章

自我管控
——把握好人生的方向盘

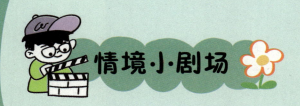

情境·小·剧场

一天，班里正在进行小组讨论。峥峥和小昕被分在同一个小组，但他们在讨论问题时意见不合，两个人你一句我一句地争论了起来。

"就应该听我的，你的办法根本行不通！"峥峥生气地说道。

"谁说的？我的办法才是最好的！"小昕也不甘示弱地回应。

两个人你一言我一语，从最初的争论变成了争吵。老师听到吵闹声，赶紧过来制止他们。可峥峥和小昕谁都不觉得自己有错。

原来是这样

你有没有遇到过这样的情况?

1 遇到自己解决不了的问题时,总是忍不住想跟对方吵架。

2 因为情绪失控而冲朋友发火,结果伤害了与朋友的感情。

在办公室,老师语重心长地对峥峥和小昕说道:"争吵之中没有赢家,冷静交流才能真正解决问题。"两个人冷静下来想想,发现老师说的没错。在这之后,峥峥决定换一种方式与小昕沟通,果然解决了之前的问题。

应该这么做

　　遇到解决不了的问题，争吵是没用的，只有学会冷静、理智地思考、交流，才能顺利解决问题。那么，我们要如何控制自己，不让自己陷入争吵之中呢？

第一，保持冷静，控制情绪

　　在遇到难以解决的问题时，要学会保持冷静，控制自己的情绪。当你和朋友意见不合时，可以先暂停讨论，让自己冷静一下，然后再继续沟通。

第二，以理服人，理性沟通

　　遇到矛盾时，要学会用理性的方式沟通，以理服人，而不是用吵架来逼迫对方同意。通过理性的沟通，你可以更有效地表达自己的观点，也能让对方更容易接受你的观点。

当你情绪失控时，你可以这样说：

"我现在有点不冷静，等明天再说吧。"

当朋友跟你发生争吵时，你可以这样说：

"我们的目的是一致的，你不要生气，我们一起来解决这个问题。"

当朋友失去理智不听劝告时，你可以这样说：

"你说的有道理，但我们先讨论一下别的话题吧。"

快来升级了

你跟朋友发生了争执，你已经冷静下来了，但朋友却逐渐失去理智。你不想在气头上跟对方争执，这时，你会如何跟对方说呢？

A. "我们等下再说吧，你想不想喝点果汁？"
B. "说不过我就别说了，没必要吵架。"
C. "别说了，再说下去该吵起来了，你就听我的吧。"

答案：A

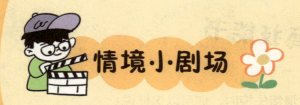

情境·小·剧场

2

学会拿自己打趣——用自嘲缓解尴尬

　　小舒跟七七一起上台表演节目，小舒十分紧张。在表演过程中，小舒每次失误时，就会尴尬地愣在原地。七七很着急，她想帮助小舒缓解紧张，于是便打算幽默一下。只见小舒又一次出现失误，尴尬地愣在原地。七七立刻对大家笑着说道："好，感谢我的搭档，给大家表演的机器人。"

　　台下观众以为是故意设计的桥段，纷纷大笑起来。可小舒却没觉得七七是想帮自己解围，她羞得脸通红，狠狠地瞪了七七一眼。

　　表演结束，小舒和七七走下舞台。七七想跟小舒解释一下，但小舒根本没有理她，而是自顾自地走掉了。七七觉得有些莫名其妙，自己明明是在帮小舒解围，怎么小舒却完全不领情呢？

你有没有遇到过这样的情况？

① 发生尴尬的事情却不知道该怎么化解，结果让自己和别人都很难堪。

② 害怕因为失误而被别人嘲笑，所以经常表现得很紧张。

七七觉得自己帮小舒解决了问题，可小舒却毫不领情，这让七七既困惑，又伤心。回家后，妈妈告诉七七，她想帮助小舒的心是好的，但方法用错了。下一次，她可以尝试自我解嘲的方式，来让氛围变得轻松，让尴尬化为无形。七七思索片刻，终于知道问题出在哪里了。

139

幽默可以化解一切尴尬。学会用自我解嘲的方式来应对各种尴尬场面，是与人交往的必修课。那么，要如何用自我解嘲的方式来缓解尴尬呢？

第一，轻松面对，缓解紧张

在遇到尴尬时，要学会轻松面对，用幽默的方式来缓解紧张情绪。通过自我解嘲，可以让自己和周围的人都感到轻松，不再那么拘束。比如，当你在公开场合不小心犯了错，可以笑着说："看来今天我的大脑需要升级一下！"

第二，承认失误，展示自信

自我解嘲的前提是承认自己的失误，并用自信的态度面对。这样不仅能让别人看到你的坦诚，也能让你更快地从尴尬中走出来。

通过这些方式，不仅能缓解尴尬，还能展示出自己幽默和善的一面，赢得他人的认可和喜爱。

情商技能书

当你遇到尴尬的情况时，你可以这样说：
"我的眼睛太小了，这个东西没看全。"

当朋友因为失误感到尴尬时，你可以这样说：
"人有失足，我有失蹄，太正常了。"

当你在公开场合犯错时，你可以这样说：
"开始前我一直提醒自己不要犯错，结果一紧张前面的都忘了，只剩犯错了。"

快来升级了

你在公开场合演讲时，一不小心在台上滑倒了。你的姿势非常滑稽，导致台下一片哄笑。这时，你会如何跟大家说呢？

A."笑什么笑，你们没摔倒过吗？"
B."你们别笑了，好不好？"
C."不好意思了，我这回摔得不够漂亮，下次我争取摔漂亮一些。"

答案：C

3

不随便发脾气——做情绪的主人

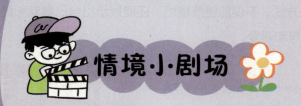

情境·小剧场

小龙是个性格急躁的男孩，遇到不顺心的事情总是容易发脾气。一天，在体育课上，小龙和同学们一起打篮球。比赛进行得很激烈，小龙一直没有投中，这让他越来越急躁。

终于，小龙在一次投篮失误后，大声喊了起来："你们都不传球给我，都是你们的错！"同学们听了都很吃惊，有的同学甚至因为小龙的脾气而不愿意继续比赛。

体育老师看到了这一幕，走过来对小龙说："小龙，发脾气解决不了问题，只会让事情变得更糟。你应该学会控制自己的情绪，冷静下来面对问题。"可小龙正在气头上，根本不听老师的话，而是转身跑回了教室。从这以后，同学们纷纷疏远了小龙，时不时还会拿小龙的脾气开玩笑。

142

原来是这样

你有没有遇到过这样的情况?

1 在遇到不顺心的事情时，总是忍不住发脾气，结果让事情变得更糟。

2 因为经常发脾气，导致朋友们对自己有了不好的印象，甚至疏远了自己。

最近，同学们给小龙起了一个外号，叫"火药桶"。小龙对此很生气，便找到老师告状。老师了解了事情原委后，告诉他，给你起外号是他们不对，但你总是随意跟同学们发脾气，确是你的问题。发脾气解决不了问题，学会控制自己的情绪，才是真正的小小君子。

　　谁都有发脾气的时候，这很正常，但一遇到不顺心的事就随便发脾气，那就不正常了。想要与他人和睦相处，就要学会控制情绪，不随便发脾气。那么，要怎样才能做到不随便发脾气呢？

第一，在心里默默数十个数

　　当你遇到让人生气或愤怒的事情时，先在心里默数十个数，让自己平静下来，再做几次深呼吸，这时就能理智地处理问题了。比如，当你跟别人发生矛盾时，先在心里默数十个数，再做几次深呼吸，等情绪平静下来后再去处理矛盾。

第二，学会倾诉，释放情绪

　　有时候，把自己的情绪表达出来也有助于控制情绪。你可以找信任的朋友或家人倾诉，释放内心的压力和不满。通过倾诉，你可以更好地理解

自己的情绪，也能得到他人的支持。比如，当你感到委屈时，可以和父母或朋友谈谈，把心里的不快说出来。

通过这些方式，不仅能更好地控制自己的情绪，还能展现出你的自制力，让大家知道你是一个有修养的人。

情商技能书

当你感到生气时，你可以这样说：
"我现在真的很生气，等我冷静下来再说吧。"

当朋友因为生气而发脾气时，你可以这样说：
"我们先冷静一下，想想解决办法，发脾气解决不了问题。"

当你因为小事大发脾气时，你可以这样说：
"对不起，刚才是我太不冷静了，我们继续讨论吧。"

快来升级了

周六，你跟朋友约了去打乒乓球。到达目的地时，你发现好多人都在打乒乓球，于是只好跟朋友排队等着。等了2个小时，终于要轮到你们时，一个男子带着孩子插队抢占了你们的球台。这时，你会如何跟对方说呢？

A."这么大个人，插队跟小孩儿抢球台！有没有素质啊？"
B."你看不见大家都在排队吗？还是没人教过你要排队？"
C."叔叔，我们已经排了2个小时了，您这样插队不好吧？如果您真的很想打球，可以到队尾排队等待。"

答案：C

4

停止抱怨——一个人变强大的开始

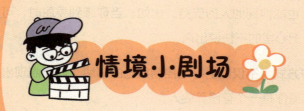

情境小·剧场

小宇有个坏习惯，就是一遇到不如意的事情就抱怨。有一天，学校组织了一次知识竞赛，小宇所在的队伍遇到了一些困难，比分一直落后。小宇觉得自己的队友表现不够好，开始不停地抱怨："你们怎么老是失误啊？这么简单的问题都答不上来！"

队友们听了都很不开心，气氛变得紧张起来，大家的配合也越来越差，最后比赛以失败告终。比赛结束后，小宇的队友们纷纷对他说："一直抱怨只会让大家更紧张，比赛就更难取得好成绩了。"

小宇本来就因为输掉比赛而难过，大家这么一说，他更加生气了。以后，他逢人就抱怨曾经的队友们"懂得少，事儿还多"，大家也因为小宇的抱怨而跟他决裂了。

146

你有没有遇到过这样的情况？

① 在遇到困难时，总是忍不住抱怨，结果发现事情反而变得更糟。

② 因为抱怨，导致周围的人对自己产生不满，人际关系也变得紧张。

别抱怨啦！

最近，小宇因为抱怨队友，结果大家都不理他了。小宇既后悔又不解，自己只是抱怨了几句，为什么大家就不理自己了呢？妈妈告诉小宇，抱怨是一种消极情绪，总是向别人抱怨，很容易影响别人的情绪。明白这个道理之后，小宇立刻找到大家并真诚地道了歉。

应该这么做

抱怨是一种宣泄负面情绪的表现，但如果过度抱怨，不仅不能排解自己内心的负面情绪，还会将这种负面情绪传递给别人。那么，要怎样控制自己少抱怨一些呢？

第一，关注解决方案，不只是问题

在遇到困难时，要把注意力放在寻找解决方案上，而不是一味地抱怨。通过积极思考，你可以找到更好的办法来应对问题。比如，当你在比赛中遇到困难时，可以先冷静分析问题的原因，然后再寻找相应的解决办法。

第二，适度表达情绪，寻求支持

有时候，适度表达自己的情绪是必要的，但要选择合适的时间和方式。比如，当你感到委屈或不满时，可以和家人谈谈，把心里的话说出来。但不要一味地抱怨，因为抱怨并不能帮你解决问题。

通过这些方式，控制住自己，少一些抱怨，多一些行动，便可以让你离成功更近一步。

情商技能书

当你忍不住抱怨时，你可以这样说：
"不说这个了，我们说点高兴的事吧。"

当朋友因为你的抱怨而影响情绪时，你可以这样说：
"对不起，我不是那个意思，我们跳过这个话题吧。"

当你因为抱怨而受到他人指责时，你可以这样说：
"这件事确实是我不对，我会改正的，我们继续吧。"

快来升级了

你跟好朋友吵架了，你忍不住跟其他朋友抱怨起好朋友的事。可是，你的另一个朋友告诉你，抱怨别人是不对的，你的好朋友对你还是很好的。这时，你会如何跟大家说呢？

A."你说的对，我是气急了。我们说点别的吧。"
B."我抱怨不抱怨，跟你有什么关系？不爱听别听。"
C."呵呵，早就看出来你俩是一伙儿的了。"

答案：A

名言中的人情世故

己所不欲，勿施于人。
——孔子

友谊永远是一个甜柔的责任，从来不是一种机会。
——纪伯伦

 老老实实最能打动人心。
——莎士比亚

同情是一切道德中最高的美德。
——培根

一个人越聪明、越善良，他看到别人身上的美德越多；而人越愚蠢、越恶毒，他看到别人身上的缺点也越多。
——托尔斯泰

不要瞧不起任何人，因为谁也不是懦弱到连自己受了侮辱也不能报复的。
——伊索

 谁若想在困厄时得到援助，就应在平日待人以宽。
——萨迪《蔷薇园》

独学而无友，则孤陋而寡闻。
——《礼记·学记》

150

处世不必邀功，无过便是功；与人不求感德，无怨便是德。
——洪应明《菜根谭》

世事洞明皆学问，人情练达即文章。
——曹雪芹《红楼梦》

不责人小过，不发人阴私，不念人旧恶，三者可以养德，亦可以远害。
——洪应明《菜根谭》

和以处众，宽以接下，恕以待人，君子人也。
——林逋《省心录》

勿以恶小而为之，勿以善小而不为。惟贤惟德，能服于人。
——刘备《遗诏敕后主》

好言难得，恶语易施。一言既出，驷马难追。
——《增广贤文》

与人善言，暖于布帛；伤人之言，深于矛戟。
——《荀子·荣辱》

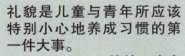
礼貌是儿童与青年所应该特别小心地养成习惯的第一件大事。
——约翰·洛克